民族艺术的奇葩

——武汉长江大桥建筑艺术与护栏图案诠释

本书是作者陈元玉主持的武汉市社会科学基金项目「武汉城市形象传播研究——以武汉长江大桥旅游文化资源开发为例」（项目编号：17026）的研究成果

陈元玉 著

武汉大学出版社

图书在版编目(CIP)数据

民族艺术的奇葩:武汉长江大桥建筑艺术与护栏图案诠释/陈元玉著.—武汉:武汉大学出版社,2017.9
ISBN 978-7-307-19632-2

Ⅰ.民… Ⅱ.陈… Ⅲ.桥—建筑艺术—研究—武汉 Ⅳ.U448

中国版本图书馆 CIP 数据核字(2017)第 201052 号

责任编辑:杨晓露　　责任校对:汪欣怡　　版式设计:马　佳

出版发行:**武汉大学出版社**　(430072　武昌　珞珈山)
　　　　　(电子邮件:cbs22@whu.edu.cn　网址:www.wdp.com.cn)
印刷:虎彩印艺股份有限公司
开本:720×1000　1/16　印张:9.5　字数:133 千字　插页:1
版次:2017 年 9 月第 1 版　　2017 年 9 月第 1 次印刷
ISBN 978-7-307-19632-2　　定价:32.00 元

版权所有,不得翻印;凡购我社的图书,如有质量问题,请与当地图书销售部门联系调换。

前　　言

　　武汉长江大桥是江城武汉的标志性建筑物，正如维多利亚港之于香港，外滩之于上海。虽然武汉现已建成多座长江大桥，但是人们发现只有武汉长江大桥最具美感并可以构成"桥文化"。这不仅是因为它占据了江城武汉最佳的地理位置、建成于那个激情燃烧的年代，还因为它既是一座交通功能齐全的桥梁，更是一座极具艺术匠心的整体雕塑。从桥头堡、桥广场、纪念碑，到护栏装饰图案，以及两端的"迎客松"，无不凝聚着当时人们的聪明智慧和艺术创造力。

　　2013年5月3日，国务院印发了《第七批全国重点文物保护单位》，"56岁"的武汉长江大桥，成为武汉市"最年轻"的国家保护文物。这足以说明国家对武汉长江大桥的重视程度。因此，对武汉长江大桥文化的研究也就显得十分重要了。

　　30多年前，我来到武汉求学，当我第一次踏上武汉长江大桥时，它的美就强烈地震撼了我。大桥瑰丽的雄姿，正桥两侧护栏美丽的装饰图案深深地铭刻在我的脑海中，让我生出难以泯灭的冲动：我要为它做些事情，让更多的人认识它、了解它。这是我当年的一个梦想，为了实现这个梦，这么多年来，我一直在努力。

　　从1989年开始，我系统地收集资料，反复实地考察，着手研究武汉长江大桥的文化艺术。成功申请了"武汉长江大桥铸铁护栏装饰图案研究""武汉地域文化资源在中小学美术课程中的开发应用""武汉城市形象传播研究——以武汉长江大桥旅游文化资源开发为例"等省市级课题，先后在《装饰杂志》《湖北第二师范学院学报》等刊物发表了《武汉长江大桥护栏装饰图案的民族风格》《武汉长江大桥铸铁护栏装饰图案研究》《武汉长江大桥的文化艺术魅力》等文章，制作了《武汉长江大桥铸铁护栏装饰图案剪纸造型作品集》。这些研究成果虽然取得了一些成绩，得到了同行的认可，但仍没有充分表达我要将武汉长江大桥建筑装饰艺术的美和护栏图案的文化内涵介绍给众多大桥文化爱好者的心愿。2015年，我决定在前期研究成果的基础上写一本书，系统阐述武汉长江大桥的建筑装饰艺术文化，作为献给大桥60岁生日的一份贺礼。

目前，在武汉市社科基金的资助下，此书即将出版。在此，我要感谢湖北中医药大学的王琨、邹开军和夏静三位老师对书稿的修改订正，感谢湖北第二师范学院的杨柳老师，大桥图片由她负责拍摄，同时还要感谢刘雁鸿、朱兵华老师以及我的学生赵茜雯等同学在剪纸造型方面给予我的帮助和支持。

本书作为一种传递作者心声的媒介和载体，希望能帮助读者朋友在欣赏武汉长江大桥美景时，更深入地了解大桥建筑装饰艺术的外在美及其文化内涵。我衷心希望读者朋友们能通过了解武汉长江大桥的文化艺术之美，继而喜欢大桥，热爱传统艺术，热爱武汉。

陈元玉
2017年初夏于湖北第二师范学院

目 录

第一章　武汉长江大桥的文化背景 …………………………………… 1
第一节　武汉长江大桥的建设历程…………………………………… 1
第二节　武汉长江大桥的地域文化环境……………………………… 4
第三节　武汉长江大桥的人文情怀…………………………………… 7
第四节　武汉长江大桥艺术形象的文化影响………………………… 9

第二章　武汉长江大桥的民族风格 …………………………………… 13
第一节　武汉长江大桥艺术设计方案的形成………………………… 14
第二节　亭阁式桥头堡的建筑艺术…………………………………… 15
第三节　圆拱式引桥的建筑艺术……………………………………… 17
第四节　正桥的建筑装饰艺术………………………………………… 19
第五节　纪念碑和观景平台的艺术魅力……………………………… 21
第六节　武汉长江大桥艺术形象的和谐美…………………………… 22

第三章　武汉长江大桥护栏图案的特征 ……………………………… 25
第一节　武汉长江大桥护栏装饰图案构成…………………………… 25
第二节　武汉长江大桥护栏装饰图案的用材与造型………………… 27
第三节　武汉长江大桥护栏装饰图案简介…………………………… 31
第四节　武汉长江大桥护栏装饰图案的意象构成…………………… 33
第五节　武汉长江大桥护栏装饰图案意象的深层内涵……………… 36

第四章　武汉长江大桥护栏符纹装饰图案 …… 40
第一节　单元式菱形祥云装饰图案 …… 40
第二节　多元式水纹回字纹龟纹装饰图案 …… 44

第五章　武汉长江大桥动物装饰图案 …… 47
第一节　武汉长江大桥护栏之鸟类图案 …… 47
第二节　武汉长江大桥护栏之动物组合图案 …… 51

第六章　武汉长江大桥植物装饰图案 …… 61
第一节　武汉长江大桥护栏之花卉图案 …… 61
第二节　武汉长江大桥护栏之果实图案 …… 72

第七章　武汉长江大桥草虫装饰图案 …… 78
第一节　武汉长江大桥护栏之藤蔓草虫图案 …… 78
第二节　武汉长江大桥护栏之花草鱼虫图案 …… 85

第八章　武汉长江大桥花鸟装饰图案 …… 94
第一节　花鸟图之爱情篇 …… 94
第二节　花鸟图之吉祥篇 …… 104
第三节　花鸟图之祈盼篇 …… 118
第四节　花鸟图之绘景篇 …… 124

附录一　武汉长江大桥护栏装饰图案剪纸造型 …… 130

附录二　武汉长江大桥纪念碑全文 …… 144

参考文献 …… 147

第一章 武汉长江大桥的文化背景

武汉长江大桥横跨于武昌蛇山和汉阳龟山之间，是我国在万里长江上修建的第一座铁路、公路两用桥。1957年10月建成之后，将武汉三镇连为一体，极大地促进了武汉的发展。从全国的宏观角度来看，大桥的建成在于将被长江隔断的京汉铁路和粤汉铁路连接起来，使长江南北的铁路运输畅通，形成了完整的京广线，正所谓"一桥飞架南北，天堑变通途"。

武汉长江大桥在建筑选址、环境设计、人文景观的处理，以及建筑与材料结构的和谐统一等方面，都有着卓越的创造与贡献。在中苏两国专家的共同协作下，大桥建筑既继承了中国传统建筑艺术的精华，又融会了西方现代建筑艺术的新观念、新技术，成为既有鲜活民族特色，又有强烈时代特征的建筑文化丰碑，在中国桥梁建筑史上占有重要的地位。时至今日，大桥的文化特质愈来愈引起人们的重视，她不只是值得人们保护的优秀历史建筑，而且还代表着一种文化，是时代的见证和文化艺术的载体。

第一节 武汉长江大桥的建设历程

一、大桥建设的百年梦想

在浩瀚宽阔的长江上建桥，是长江南北两岸人民世世代代的愿望。

据史书记载，太平军曾于1852年和1853年先后在武汉三镇搭建过三座浮桥；1913年，北京大学德籍教授乔治·米勒在我国近代著名铁路工程师詹天佑的支持下，带领北京大学土木工程系的13名学生进行"武汉纪念桥"的勘察测量，并做过一些设想；1919年，孙中山先生在《建国方略》之《实业计划》中，提出在武汉建设长江大桥的设想；1929年，国民政府铁道部请美国桥梁专家华德尔来武汉进行三次勘测，建议国民党政府筹建大桥；1936年，钱塘江桥梁工程处为筹建长江大桥进行了一次小规模的河槽钻探；1946年和1947年，长江大桥的筹建工作又先后进行了两次。由于多年战乱，修建大桥的计划一直没有得到实施。如民谣所云："黄河水，长江桥；治不好，修不了。"①

二、新中国积极筹建武汉长江大桥

1950年春，中央人民政府作出修建武汉长江大桥的决定。1950年3月，中央铁道部派地质勘探队，进行河槽及两岸的地质勘探。1952年成立了大桥设计事务所，在苏联桥梁专家的参与下，着手武汉长江大桥的初步设计。1953年4月，周恩来批准成立了武汉长江大桥工程局，并调集国内相当一部分桥梁技术力量，参与建设工作。1954年1月，中华人民共和国政务院通过了《关于修建武汉长江大桥的决议》，批准了1958年底铁路通车和1959年8月底公路通车的施工计划，同年2月开始了武汉长江大桥的地质评查。1955年1月，武汉长江大桥地质勘探队完成了武昌蛇山到汉阳龟山之间的地质评查工作，同年9月，武汉长江大桥开始施工建设。

三、中苏两国人民智慧的结晶

1953年4月，铁道部新建铁路工程总局武汉大桥工程局，直接负责武汉长江大桥的设计和施工。铁道部批示广州、郑州、柳州、上海、

---

① 王泽坤.龟蛇锁江[M].长春：吉林出版集团有限责任公司，2010.

天津、济南等铁路局，负责向大桥输送各级各类干部和建桥工人，还将江岸桥梁厂、长沙工务修配厂、锦州凌河桥工队成建制地调拨给大桥局。几个月之内，从全国各地抽调的大批建桥职工，迅速云集武汉，组成了全国第一支以桥梁建设为专业的建桥大军。

1954年7月，当时的苏联政府派遣28人专家组来武汉援助建桥，西林任组长。大桥设计阶段，遇到了严重的困难。以西林为首的前苏联专家们反复研究后，创造性地提出了用"大型管柱钻孔法"代替"压气沉箱法"。大桥施工过程中，架设钢梁时，常采用"拖拉法"和"浮运法"。但因大桥全长1156米，桥体太长，常用方法都不适用。专家决定采用一种新的方法，即"伸臂拼装法"，这种新拼装法要求的精确度很高，专家组在利用斯维特尔大桥规程适用部分的基础上，根据自己和中国工人宋大振等人的经验，创造性地制作了一套新的规程，解决了铆合质量的难题。

在中苏两国建桥专家的共同努力下，大桥建设者们克服重重困难，使武汉长江大桥于1957年提前两年建成。周恩来亲笔签署感谢状，代表中国政府感谢西林等专家对我国桥梁建设做出的贡献。长江大桥的纪念碑上，用铜字铸上了西林等28名苏联专家的名字。

四、大桥建成梦想实现

武汉长江大桥，是中国第一座横跨长江的桥梁。大桥为公路铁路两用桥，全桥总长1670米，其中正桥1156米，西北岸引桥长303米，东南岸引桥长211米。从基底至公路桥面高80米，上层为公路桥，宽22.5米，其中车行道宽18米，双向四车道，车行道两边的人行道各宽2.25米。下层为双线铁路桥，宽14.5米，两列火车可同时对开。桥身为三联连续梁，每联3孔，共8墩9孔。每孔跨度为128米，为常年巨轮航行无阻通道。正桥的两端建有具有民族风格的桥头堡，各高35米，从底层大厅至顶亭，共8层。从底层坐电梯可直接上大桥公路桥面，眺望四周，整个武汉三镇尽收眼底。

公路桥面人行道内缘设有钢筋混凝土结构的防撞护栏。每隔32米矗立一对灯柱，兼作无轨电车供电线路的支架。入夜，成串的桥灯耀眼夺目，如过江银龙，壮丽奇绝。大桥管柱基础、墩台、梁体及铁路联络线由铁道部大桥工程局施工，公路桥桥面及两岸引道由武汉市建设局协同施工。大桥工程耗用混凝土和钢筋混凝土12.63万立方米；石砌圬工2.544万立方米，安装钢梁2.4805吨；打入钢筋混凝土管桩3000根，总长6.25万米；下沉直径1.55米的钢筋混凝土管柱224根，总长3752米。总结算投资1.38亿元，大桥主体工程投资7189万元。

雄伟壮丽的武汉长江大桥，象征着中国人民在中国共产党领导下建设社会主义的英雄气慨；象征着中苏两国人民的团结和友谊；象征着和平，象征着幸福，象征着劳动的光辉！

第二节　武汉长江大桥的地域文化环境

长江，古称天堑，天然险阻，源远流长，水深浪阔。《南史·孔范传》："隋师将济江，群官请为备防。"范奏曰："长江天堑，古来限隔，虏军岂能飞度？"天堑之名由此得来。武汉由三镇组成，汉口与汉阳隔汉江相望，武昌与汉口、汉阳因长江相隔，交通十分不便。大桥建成，将武汉三镇连为一体。它像一条纽带，连接龟蛇两山，也将长江两岸的自然景观和名胜古迹串成一片。

武汉长江大桥整体布局，在景观方面，注重人文景观与自然景观的和谐统一；在环境方面，又格外重视人工环境与自然环境的和谐统一。其宗旨是勘察自然、顺应自然，有节制地利用和改造自然，选择和创造出适合于人的身心健康及行为需求的最佳建筑环境，使其达到阴阳之和、天人之和、身心之和的完美境界。

一、蛇山的历史文化环境

蛇山位于长江南岸边，又名黄鹄山，绵亘蜿蜒，形如伏蛇，头临大江，尾插闹市。山上建有历代众多的名胜古迹，现存有：蛇山之巅的黄鹤楼；长江大桥引桥东头的胜像宝塔；蛇山南麓的陈友谅墓；蛇山中部顶端的岳武穆遗像亭；蛇山南腰处的抱冰堂；蛇山尾部武昌大东门外的长春观，以及许多重要的石刻碑刻等达 20 多处。历代名人崔颢、孟浩然、李白、王维、陆游等 10 多人，均先后登楼游赏，吟诗作赋，留下"寒花媚幽石，疏林带高阁""桃桦深处暖云浮，隔树红妆倚翠楼"等名句，故有"鄂之神皋奥区"的美称。

黄鹤楼始建于三国时期吴黄武二年（公元 223 年），传说是为了军事目的而建。三国时只是"军事楼"，晋灭东吴后，逐步演变成"观赏楼"；至唐朝，演变为著名的名胜景点。历代文人墨客到此游览，留下了不少脍炙人口的诗篇。其中唐代诗人崔颢一首"昔人已乘黄鹤去，此地空余黄鹤楼。黄鹤一去不复返，白云千载空悠悠，晴川历历汉阳树，芳草萋萋鹦鹉洲。日暮乡关何处是？烟波江上使人愁。"已成为千古绝唱，更使黄鹤楼名满天下。新建的黄鹤楼雄奇多姿，色彩绚丽，极富个性，平面设计为四边套八边形，谓之"四面八方"，透露出古建筑文化中数目的象征和伦理表意功能。从楼的纵向看，各层排檐形如黄鹤，展翅欲飞。整座楼宇雄浑之中不失精巧，极富韵味和美感，被誉为"天下江山第一楼"。

二、龟山的历史文化环境

龟山东临长江，北带汉水，西背月湖，南濒莲花湖。据史料记载，龟山的名胜古迹有几十处，其中古迹中的人物大禹、岳飞、关羽都是中国历史上的杰出人物，在中华民族人民心目中享有崇高的地位。龟山虽小，但汉江大桥和长江大桥是它伸出的左右两臂，它右揽长江，左拥汉江，将武汉三镇连为一体。如此的气魄和格局，令人叹为观止。

龟山东麓禹功矶上的晴川阁北临汉水，东濒长江，始建于明代嘉靖年间，其名取自唐代诗人崔颢的诗句"晴川历历汉阳树"。晴川阁的历史虽然没有黄鹤楼、岳阳楼那样悠久，但因其所处独特的地理环境，又有独具一格的优美造型以及诸多文人名士的赞咏,故而赢得了重要的历史地位,成了武汉地区一座临江而立的名胜古迹。晴川阁,以南方建筑风格为主,融合南北建筑风格之长,将楼阁的雄奇、行宫的古朴、园林的秀美融为一体,成为武汉市著名的文物旅游景观。晴川阁原汁原味地再现了楚人依山就势筑台,台上建楼阁的雄奇风貌,富有浓郁的楚文化气息。

三、武汉长江大桥地域文化的景点群

龟蛇两山隔江相望,龟山重武,蛇山重文,一文一武,别有情趣。晴川阁与黄鹤楼隔江相望,互为衬托,相映生辉,蔚为壮观,在万里长江上唯此一处,被称为"三楚胜境"。龟山旁有个月湖,月湖畔有一琴台,传说是周代弹琴高手俞伯牙与钟子期相会的地方,在中国历史上影响深远的"知音"传说,就诞生于此。位于蛇山边的辛亥革命武昌起义纪念馆是依托中华民国军政府南麓鄂军都督府旧址而建立的,也是武汉辛亥首义文化的标志性景观,它是中国第一个共和政权的诞生地。纪念馆石质外墙沿袭了武昌古城墙的红色,以肃穆凝重的"楚国红"为主色调,俗称"红楼"。2011年4月建成的"V"字造型的辛亥革命博物馆,设计融合了中国传统建筑和现代手法,从正面看,高台加大了屋顶的架构,传承了中国建筑"双坡屋顶"和飞檐翘角的特质;从侧面看,三块几何形拼出"破土而出"的意象,颂扬了敢为人先的首义精神。龟山旁的归元寺和蛇山尾的长春观,一个是著名的佛教寺庙,一个是历代道教的活动场所。大桥连接归元寺、晴川阁、月湖琴台、龟山、蛇山、黄鹤楼、红楼、辛亥革命博物馆和长春观,绵亘蜿蜒,组成一片宏伟连绵、美丽动人、文化底蕴深厚的旅游名胜景点群。

如果以武汉长江大桥为中心构成一幅图案,蓝天白云映照下的大桥与江水一色。登临桥面之上,远眺烟波浩渺的长江,仰望郁郁葱葱的龟、蛇二山,环视鳞次栉比的楼宇;或是漫步于长江之滨,朝赏隐若云

雾的"春龙",午看横贯惊涛的飞梁,夜观列阵整齐的"繁星",无不使人心旷神怡,流连忘返。一年四季,大桥春夏秋冬景色各有千秋,春天凉爽,江风宜人;夏季气候炎热,伫立桥头凝望天水交接,心情舒爽;秋季硕果金黄时节,看无限夕阳;冬季,要是有偶尔的小雪,站在桥头,感觉世界分外妖娆。

第三节 武汉长江大桥的人文情怀

一、一代伟人毛泽东与武汉长江大桥

1927年,毛泽东和杨开慧住在武昌都府堤41号。有一天,他默默登上蛇山之巅,望着大江东去,龟蛇两山静静屹立于长江两岸,顿时心潮澎湃,写下《菩萨蛮·黄鹤楼》:

茫茫九派流中国,沉沉一线穿南北。烟雨莽苍苍,龟蛇锁大江。黄鹤知何去?剩有游人处。把酒酹滔滔,心潮逐浪高!

1953年,毛泽东来到阔别25年的武汉,在听取了中南局领导关于武汉长江大桥工程正在勘测钻探的汇报之后,非常高兴,兴致勃勃地到黄鹤楼一带亲自踏勘龟山至蛇山这条桥址线,同意铁道部的桥址方案。1956年,毛泽东再次来到武汉。游泳过后,他兴致未尽,挥毫写下了气势磅礴的《水调歌头·游泳》:

才饮长沙水,又食武昌鱼。万里长江横渡,极目楚天舒。不管风吹浪打,胜似闲庭信步,今日得宽馀。子在川上曰:逝者如斯夫!风樯动,龟蛇静,起宏图。一桥飞架南北,天堑变通途。更立西江石壁,截断巫山云雨,高峡出平湖。神女应无恙,当惊世

界殊。

千百年来，波涌涛起的长江天堑，转瞬"变通途"了。①

二、名流要人与武汉长江大桥

在建设武汉长江大桥的那个年代，不少文人墨客都写过关于长江大桥的作品，他们中有：郭沫若、刘伯承、贺敬之、田间、郭小川和徐迟等。在诗人笔下，武汉长江大桥有了更加夺目的形象：

  雄伟与美丽的宝带，和平和友谊的化身，五年计划的凯旋门，社会主义的旅程碑。
  水库好像银河，蓄起万串珍珠。大桥好像彩虹，架在长江之上。
  百万雄师南下后，长江千丈大桥横。人民作出空前事，还只远征第一程。

大桥建成后，接待过无数国内外的参观者，有国家元首、政府首脑和议会议长，如越南主席胡志明、印尼总统苏加诺、柬埔寨国王西哈努克亲王、联邦德国总理科尔、日本首相中曾根康弘等150多位。溥仪1964年特赦以后也曾来到长江大桥参观留影。1958年，毛主席的好战士——雷锋曾在武汉长江大桥旁留影（图1-1）。面对辽阔的长江，雄伟的大桥，他目眩神驰，赞叹不已。

---

① 中共武汉市委党史办公室. 毛泽东在武汉[M]. 武汉：武汉大学出版社，1993.

图 1-1 雷锋在武汉长江大桥旁留影

第四节 武汉长江大桥艺术形象的文化影响

武汉长江大桥的艺术形象的文化影响具有高层次性、广泛性、全民性和持久性。很多人是先认识武汉长江大桥而后才了解武汉的,她的艺术形象通过各种途径已深入到社会的方方面面,影响深远。

一、武汉长江大桥艺术形象的特征

大桥艺术形象被用在邮票、名信片、人民币、毛主席像章上,体现了她的高层次和广泛性。1957年国庆节,邮电部发行了《武汉长江大桥》纪念邮票,全套2枚(图1-2)。其中一枚8分面值的邮票画面为大桥侧景,按透视关系由近及远,暗红色基调为画面增添了庄严的气氛。另一枚20分面值的邮票为大桥鸟瞰图,深蓝色江水很自然地成为画面的主色调,桥面像一条白练伸向远处。江中帆影点点,轮船穿渡,气势宏大。两幅画面从侧景、鸟瞰的不同角度,展现了大桥的面貌和雄姿。

1957年，长江文艺出版社发行万里长江第一桥名信片一套，共10张，分别是武汉长江大桥全景图、满载的列车在铁路上飞奔、有安全保护网的铁路人行道、桥头堡大厅内景、雄伟的桥头堡、宽阔的大桥公路面、灯光辉煌的大桥夜景、公路面桥亭、武汉长江大桥组成部分之一的汉水铁路桥、武汉长江大桥组成部分之一的江汉桥。整套名信片完整、清晰地表现了大桥的面貌。1964年，中国人民银行发行了第三套人民币，其中纸币贰角的正面图案为武汉长江大桥，绿色调（图1-3）。1967—1976年间，全国各地发行了以武汉长江大桥为背景的毛主席像章多种，其外形有长方形、椭圆形、五角星形、园形等，材质有铝合金、塑料、铜质等，其中毛主席挥手和畅游长江的像章非常著名。

图1-2　武汉长江大桥邮票

武汉长江大桥的艺术形象被广泛用作商标、年画、插图、工艺品、旅游纪念品等，体现了她的全民性和持久性。自武汉长江大桥建成通车以来，武汉长江大桥的形象被运用到文化生活的各个领域，深入到人民

图 1-3　大桥图案人民币

的日常生活中,形成了家喻户晓的品牌效应。那段时期,许多武汉出生的小孩,不约而同地起名"大桥""建桥""汉桥""一桥""武桥"……让自己与这座雄伟的建筑伴随终生。各类学者、文人也从各个不同角度创造着桥文化。如众多的桥联、桥碑、桥名、桥画、桥梁摄影、桥梁书法、桥梁科学技术理论、桥梁社会科学理论、桥梁论文、桥梁专著、桥梁故事、桥梁文学作品、桥梁影视作品、桥梁网站等都是桥梁文化的产品。

二、武汉长江大桥的历史文化魅力

设计大师崔恺曾说:"建筑之于我是一种审美,一种文化,一种交流。"我们走在武汉长江大桥之上,就像在它的动感空间里穿行,欣赏它的建筑,就如同和它的建筑设计师进行了一场穿越时空的对话。通过对话,我们能感悟大师对建筑、对美的理解,对文化艺术魅力的追忆。

武汉长江大桥是现实主义和浪漫主义完美结合的典范。早在规划设计阶段,中央就明确指示:"修建的长江大桥应当成为一个卓越的建筑,它不但应以现代化的技术解决国家巨大的经济课题,而且在建筑技术上还应以雄伟壮丽的外观标志中国的新时代。"武汉长江大桥的建成极大地改善了南北交通,提升了中国桥梁建设水平,同时,也极大地鼓舞了全国人民建设新中国的豪情壮志。武汉长江大桥只是新中国的一个建筑丰碑,但它反映了一个时代的文化特征。

武汉长江大桥体现了民族风格和水天一色的美学思想。武汉长江大桥的艺术形象具有鲜明的民族风格，它的主色调充分运用了自然和谐的美学法则和水天一色的美学思想。1957 年 9 月 6 日，毛泽东又一次来到了武汉，此时，武汉长江大桥已经建成，正在进行桥面装饰。傍晚，他从汉阳桥头堡处走下车，信步往正桥走去。他一面俯瞰武汉三镇，一面细心询问大桥的工程情况，大家便问毛泽东大桥栏杆用哪一种颜色好。毛泽东笑着指指蓝天，又指指江水，大家明白了："落霞与孤鹜齐飞，秋水共长天一色。"桥栏应选用与天、水颜色相和谐的色彩——银灰色，这种银灰色一直沿用至今。

武汉长江大桥以她博大的胸怀和强健的身躯为共和国的成长，为中华人民共和国经济建设的发展，为祖国的繁荣立下了不朽的功勋。这是一座历史丰碑，象征着中华民族的骄傲，值得亿万世人为之敬仰；她的内涵、她的品质，以及她的建设者们，永远令子孙后代为之赞叹；她的贡献、她的美丽，以及她蕴含着的文化艺术魅力、文化精神，将直接影响着我们今后的道德观念、价值取向和行为规范，进而影响我们城市的社会风尚、生活方式乃至发展模式。让我们不断地挖掘武汉长江大桥文化的核心内容和精神内涵，为社会主义精神文明和物质文明建设作出贡献！

第二章 武汉长江大桥的民族风格

　　我国历代建造的桥梁千姿百态：有的宛若长虹，有的环如半月……千百年来，许多桥梁仍然坚固如初，傲然静卧，已成为游览观赏的重要景点，吸引着众多的旅游者，武汉长江大桥就是这其中的一座。2013年，由国务院印发的《第七批全国重点文物保护单位》名录在国家文物局官网公布，屹立于长江之上56年的武汉长江大桥成为了武汉市目前最年轻的国家保护文物，作为共和国的不朽经典，受到了最高级别的文物保护。历史学家皮明庥、古建专家张良皋认为，武汉长江大桥的价值表现在五个方面：见证新中国建设成就的历史价值，凝聚无数国人征服长江天堑梦想的精神价值，贯通祖国大江南北的实用价值，体现当时中外桥梁建设最高成就的科学价值，融合东西方建桥文化精髓的艺术价值。在已建成的长江上的几十座桥梁中，武汉长江大桥无疑是最有民族艺术特色、成就桥梁美学经典的一座，无愧为"中国万里长江第一桥"的称号。

　　武汉长江大桥具有鲜明的民族特色的建筑风格，从大桥的一端向前望去，公路引桥的双孔双曲拱桥，连接亭阁式桥头堡，体现了整体风格的中国元素；从桥面上观察，大桥两侧的铸铁护栏装饰图案清晰秀丽，纹样构图考究，别具一格。一幅幅造型优雅、匠心独运的图案采用雕花镂空方式制作，图案大多是表达喜庆吉祥、祈盼幸福等内容。武汉长江大桥装饰护栏图案是江城武汉的一道独特的美丽景观。

第一节　武汉长江大桥艺术设计方案的形成

武汉长江大桥是一座城市桥、明星桥和艺术桥，既经济实用，又美观大方。建桥之时，国务院对武汉长江大桥的要求是：它"应成为一个卓越的建筑，不但应是现代化的技术水平解决国家巨大的经济课题，而且在建筑艺术上能以雄伟壮丽的外观标志出中国的新时代"。[①] 1954 年9 月，武汉大桥工程局根据国务院的指示精神，在国内广泛征求大桥美术设计方案。1955 年 2 月，武汉大桥工程局先后收到 11 个单位的 25 个设计方案。大桥局邀请了包括著名桥梁专家茅以升在内的，由中国著名的建筑、美术、园艺、城市规划、桥梁专家组成的评委会，认真评选设计方案。评委会将全部方案设为一、二、三等奖。评奖后，评委会将所有获奖方案一并呈送政务院审批。在一次政务会议上，所有的参选方案图样，悬挂于怀仁堂墙壁上，等待周总理和其他中央领导审阅。周总理独具慧眼，当即拍板，选定第 25 号方案(设计者为我国著名桥梁专家唐寰澄)。这个方案的最大特点是设计者考虑了以大桥本身结构为主，引桥、桥头堡的建筑结构与大桥本身的结构协调一致；同时，方案还具有经济上的合理性和施工技术上的可行性。这个方案体现了中华民族的民族性格，朴质端庄，特别是与两岸的龟山、蛇山交相辉映，更显得庄严宏伟、和谐一致。

艺术造型是艺术表现的手段，任何艺术都需要用造型的手段来揭示艺术形象、精神、意境、美感，不同地域的民族有着不同的造型手段和方法。武汉长江大桥的艺术造型方案，从其基本造型、艺术内涵、表现方法等多方面受到各方的一致好评，用典型的中国元素，以经济实用为原则，以大众艺术审美为标准，充分展示了中华民族的审美意象。

---

① 王泽坤. 龟蛇锁江——武汉长江大桥施工建设[M]. 长春：吉林出版集团有限责任公司，2010.

第二节　亭阁式桥头堡的建筑艺术

武汉长江大桥独有的桥头堡是大桥最为重要的标志建筑之一，它主要有三方面的作用：一是军事作用。武汉长江大桥是在中华人民共和国成立之初建设的，而长江是我国中部重要的水路航运通道，在那个年代其军事意义十分重大；二是观景作用。从武汉长江大桥底层桥头堡大厅乘电梯可以进入中部的铁路人行道和顶层的公路人行道，这是重要的观景通道，方便人们从不同的高度观看大桥和沿江风景；三是审美作用。桥头堡亭阁式的造型，具有丰富的民族文化底蕴，是显现武汉长江大桥建筑美的重要标志。

一、桥头堡的功能及结构

武汉长江大桥桥头堡系钢筋混凝土箱形结构，平面尺寸为 15×32 米，高 35 米，其功能是支承正桥钢梁、引桥钢筋混凝土梁及人行道梁。从美术和功能处理上，将全桥界分为钢结构的正桥和圬工的引桥两部分，并设置楼梯和电梯，以便行人从沿江大道通往铁路和公路路面的人行道。桥头堡的其他结构是多层的钢筋混凝土构架，构架中砌砖或设混凝土隔墙。桥头堡内上下各层设有大厅、展览室等。左岸桥头堡系 55 公分管桩基础，管桩打至岩层；右岸桥头堡的前半部系柱式基础，筑在岩层上，后半部为 55 公分管桩基础。桥头堡外墙下部用花岗石镶面，上部用汰石子粉墁，过道及大厅均有大理石护壁，缸砖铺地。①

武汉长江大桥桥头堡是连接正桥与两岸引桥的桥台，为 8 层楼式亭阁，第 8 层在公路桥桥面两侧各设一对仿古双檐角亭，角亭为四方八角，上有重檐和红珠圆顶，极具中华民族风情，常有国内外游客驻足欣赏(图 2-1)。

---

① 武汉大桥工程局．武汉长江大桥[M]．北京：人民铁道出版社，1957．

图 2-1　武汉长江大桥桥头堡

二、亭阁式桥头堡的艺术美

武汉长江大桥桥头堡，其建筑形式为楼台亭阁式。设计师从桥梁的整体欣赏效果出发，捕捉桥梁构造物不同于其他公共建筑物的特点，着力烘托水平外形线的主导作用，"界分"构造的功能围绕其下，体现了"形生势成，始末相承"的构成法则。楼阁相当开敞，楼内外空间流通渗透，追求与自然的亲近；造型上运用水平方向的层层屋檐，石柱构成的空间极力削弱体型上的竖高感觉，使之时时回顾大地，仿佛对大地有着无比的眷恋；人字形的屋顶造型，既扩大了室内的空间感，同时又利于排水。屋面、屋脊装饰局部的曲线流畅，虽然曲度不大，屋角也没有翘起，但刚健质朴的气势较浓，优美地镶嵌在大自然中，仿佛自己就是天地的一部分，充分体现了人对自然的向往和崇敬之情。

亭台楼阁，属于中国传统建筑。它们或面对巍巍群山，或俯视浩浩江湖，或融于园林之中，或踞于市井之上；有的高大壮观，有的小巧玲珑，有的华美辉煌，有的简易朴实。但无论形式如何、位置怎样，都显示出民族的人文特征和风土人情。高耸挺立的亭台楼阁，攀登时会产生"欲穷千里目，更上一层楼"(王之涣《登鹳雀楼》)的心理。建筑美学者认为，武汉长江大桥桥头堡的美学形式反映了中国人适得其乐的人文理想和实践理性精神，能满足人们观赏大桥和长江及周围美景的心理需求。亭阁式建筑是古人生活中十分重要的栖息游乐场所，与之承载着沧桑岁月的历史内涵，构成了思接千载的独立空间。亭阁式建筑是一种文化的象征、成功的象征，它记载了诸多仁人志士辉煌的审美共识，激发起人们的生命意识，能让更多的人产生联想。把武汉长江大桥与亭阁式建筑的文化底蕴和艺术感染力结合起来，有一种独特的民族艺术美韵。

第三节　圆拱式引桥的建筑艺术

武汉长江大桥引桥的正面是拔地而起的圆形连拱造型，宏伟、简约而大气。公路桥面从武昌驶入大桥，首先映入眼帘的是两侧的绿化带和两棵巨大的迎客松，引桥两侧的护栏是钢筋混凝土结构，几何形花窗造型，表面的汰石子粉墁光洁、朴实，具有很强的节奏感和韵律美感。

一、引桥的结构及作用

武汉长江大桥引桥公路部分设在上层，直线通过；铁路部分位于下层，以半径600米的曲线逐渐与公路分开。引桥公路桥面向路堤方向逐渐降低，以减少路堤高度。

武汉长江大桥左岸引桥共有17孔，每孔跨度17.2米，其中5孔是公路铁路两用的，其余12孔专属于公路部分。铁路部分采用5孔简支的钢筋混凝土T梁，其中3孔跨越沿江道路。公路部分采用柱式桥墩，横梁及钢架上设以装配式钢筋混凝土简支Π形纵梁，引桥正面设有装配式钢筋混凝土板拱。公路引桥与路堤间由桥台相接，桥台后填筑片石圬工，以减轻桥台所受路堤的水平压力，两侧用挡土墙防御。

武汉长江大桥右岸引桥共 12 孔，靠江岸的有 7 孔，每孔跨度为 17.2 米，其余 5 孔形如长廊，每孔跨度为 16 米。铁路部分为 3 孔简支的钢筋混凝土 T 梁，跨越沿江道路，此后即为沿蛇山山坡和挡土墙之间的填石路堤。公路部分靠江岸 7 孔，结构与左岸大致相同，此后路面通过长廊顶面而逐渐过渡到山顶土壤上铺设的路面。该长廊的外侧（下游）为 5 孔钢筋混凝土连拱，内侧（上游）为挡土墙，顶面为承托公路路面的Π梁，Π梁系横向铺设，一端支承于连拱上，另一端支承于挡土墙上。此外，在引桥的南侧建有台阶，供行人由沿江道路登上公路桥面。①

二、圆拱式引桥的艺术表现力

武汉长江大桥引桥高巍的拱形外貌、修长的几何式花窗、六瓣花的小露台，与正桥菱格形结构遥相呼应。除去正面的拱形外，没有其他的装饰部分，表达了设计者经济、实用、精致和简洁的美学思想。这种高度简洁手法之所以完美，关键在于艺术家在观察对象时，注意形而不止于形，注意对象而不停留在对象。这里的形不是僵死的躯壳，是神情所依附并且赖以显示的生物的肌体。在艺术设计中，对象不是孤立存在的，它总是存在于具体的环境里。不同的时间和条件，不同情景下的造型，都会有自身微妙的变化，只有捕捉住这种变化，并且能恰当地表现出来，才会给人以美感。武汉长江大桥中圆拱式引桥设计，描绘了对象与正桥米字形钢梁融为一体的生动情态，达到了预想的建筑审美效果。

---

① 武汉大桥工程局. 武汉长江大桥[M]. 北京：人民铁道出版社，1957.

第四节　正桥的建筑装饰艺术

　　武汉长江大桥正桥由九孔八墩上横卧巨型米字形结构钢梁而构成，粗壮的竖立桥墩和相对较为纤细的横卧米字形钢架，在数量、粗细、纵横上形成对比，产生韵律美感；由于排列规整，以一个米字形为单元，重复排列开去，形成无数米字的重复节奏，产生节奏动感。如此，构成强烈的视觉美感效果(图2-2)。武汉长江大桥正桥公路桥面上的铸铁护栏造型，具有鲜明的民族风格，其艺术造型及其内涵寓意，反映了我国劳动人民祈盼幸福生活的美好愿望和朴素的审美观点。

图 2-2　正桥夜景

一、正桥的结构及功能

　　武汉长江大桥正桥桥墩采用高承台和低承台、垂直管柱和圆形基础的结构，共八个桥墩。从汉阳到武昌方向分别排列编号为1—8号，其中1、3、4号为一类桥墩，其水下混凝土封底位于砂层内，并不直接筑在岩磐上。2、5、6号为二类桥墩，其水下混凝土封底则直接筑在岩磐上。7号为第三类桥墩，水下混凝土封底筑在比较松软的炭质页岩上，为桩基础，共用钢筋混凝土桩116根。桥墩的基础部分由下部的水下混凝土封底和上部的钢筋混凝土承台所组成，该承台将桥身的荷载传递到管柱上。

武汉长江大桥正桥钢梁系由三联连续梁组成，每联三孔，每孔跨度为128米。钢梁设计为上下两承，主桁间距离为10米，高16米。主桁为平弦菱形桁架，每孔分成8个16米的大节间，由补充的竖杆将大节间分为两个8米的小节间，构成米字形结构造型。①

二、正桥的装饰艺术特色

八座稳如磐石的巨型桥墩、米字形桁架与菱格竖杆、硬朗霸气的高大桥柱构成武汉长江大桥桥体为米字形造型的效果图。武汉长江大桥桥面两侧护栏图案是大桥局以"花鸟虫鱼"为主题，中国剪纸和木刻样式为基础，向全国广泛征集栏杆的图版纹样。经过层层筛选，最后选中了48种最具民族风格和艺术特色的图案作为大桥护栏的装饰图案。三孔为一组，每组规整有序地排列着48种不同纹样的铸铁雕花护栏，连续重复排列三次将大桥正桥两侧护栏全部布满，构成武汉长江大桥独特的靓丽一景。

武汉长江大桥两侧的护栏装饰图案具有鲜明的个性特征，装饰图案全部采用具象的花、鸟、虫、鱼等动物和植物作为造型素材，形象逼真，栩栩如生。图案用最具民族特色的镂空剪纸手法进行塑造，一幅幅生动和谐的铸铁艺术品把大桥装扮得美丽大方，同四个庭式的桥头堡一起，构成了武汉长江大桥独具特色的桥梁建筑风格。

武汉长江大桥两侧护栏装饰图案的民族特征主要表现在三个方面：一是铸铁镂空雕花形式。选材铸铁是为了坚固，采取镂空雕花方式则是为了使其民族特色更加鲜明，图案既精致又典雅，且富丽堂皇，经久耐看，深受人们喜爱。二是选用国画的表现题材。取花鸟这种形式来表现，这是我国最通用的审美的表现形式，同时也是最受人们欢迎的一种形式。三是采用民间剪纸造型手段。剪纸是中国传统的民间艺术，历史

---

① 武汉大桥工程局. 武汉长江大桥[M]. 北京：人民铁道出版社，1957.

悠久长远，世界上还没有一个国家和民族能像中国这样具有如此普遍和带有"原发性"的民间文化艺术。唐代诗人杜甫写下了"暖水濯我足，剪纸招我魂"的诗句；郭沫若先生曾对中国民间剪纸评价说："曾见北国之窗花，其味天真而浑厚；今见南方之刻纸，玲珑剔透得未有。"可见剪纸在我国的影响力。大桥护栏采用镂空剪纸花鸟图案这种群众喜闻乐见极具影响力的形式，是传统艺术同现代建筑美学的绝妙组合。它不仅体现着中国民众的心理和审美，同时也是一种文化素质的表现。

第五节 纪念碑和观景平台的艺术魅力

武汉长江大桥纪念碑和观景平台广场(图2-4)，与武汉长江大桥相互依偎，碑高6米，重20余吨，碑文记载了长江大桥如何利用管柱钻

图2-4 大桥纪念碑

孔法的经过，以及前苏联参与大桥建设以西林为组长的 28 位专家的名字，北面刻有"武汉长江大桥建成纪念碑"11 个鎏金大字，南面镌有毛泽东同志"一桥飞架南北，天堑变通途"的诗句，观景平台是游人赏长江、看大桥的最佳位置之一。武汉长江大桥纪念碑近 1800 字碑文的书写者出自书法名家王南舟之手。王南舟书法刚柔相济、清秀洒脱的独特风格，也使纪念碑的艺术魅力增色不少，赢得了同道及世人的普遍赞誉。众多旅游者在这里游览留影，欣赏中国人民首次征服长江天堑的标志性建筑物，真是"江水悠悠，长桥如画，楚天凝碧，艳阳似锦，爰为之记，以志永久。"（武汉长江大桥纪念碑全文见附录二）

第六节　武汉长江大桥艺术形象的和谐美

一、地域建筑的和谐呈现

武汉长江大桥地域建筑群与自然景观和谐呈现，相得益彰，共同构成错落有致、风格迥异的艺术效果。作为一个屹立于长江上的景观主体，既渲染其优美、流畅、伟岸的形态，又在整体空间中控制建筑群的维度，将主要观赏对象让位于后期兴建的建筑物，而着力于烘托作用。其他建筑物依山傍水，随形就势，星罗棋布，各具观赏功能。然而，黄鹤楼从建筑物的规模、气势、坐落处的高度、色彩及观赏功能上，显现出其在建筑群体中尤为突出的地位。武汉长江大桥则作为流动中的"线"，与各分散的"点"取得呼应，犹如"枝干"将分散的"花朵"连为一体一样，通过"树枝树叶，交叉纵横"，达到"密而不杂，稀而不乱"的有序组成。整个建筑群体呈弧线分布，动静交融，形成既有宾主之位，又有远近之形的景观特色。武汉长江大桥的设计考虑了可能的远景规划及展望到"组成美丽的风景区"的设想，制定了以"民族形式"为原则的艺术构思，桥头堡亭阁的艺术风格即是这一原则的体现。由于桥头堡亭阁率先处理的基调，其他建筑物如莲花湖公园的湖心亭、水榭、晴川饭店的塔楼，黄鹤楼建筑群的山门、半山亭等，或寄形于外，或寓意其内，都不同程度融进了我国楼阁建筑的艺术特色，在建筑物表面色调上也呈现出由浅渐深的秩序美。这样，既表现出各自的建筑特色又按时空流转的方向，通过引导与暗示，逐渐明朗地显示出黄鹤楼作为主体建筑的风格，给观赏者以多样中有统一，丰富中见单纯的和谐感受，引起了人们的视觉美感体验。

武汉长江大桥作为景观群中的"线"与楼阁建筑的"点"，是一种对比调和统一的关系。乍看去，武汉长江大桥桥梁的水平主轮廓线与楼的垂直轮廓线似乎不甚相容，可是由于水平线对分散的建筑物起到视线上的穿连作用，从而形成了与各建筑物的紧密联系，正如美国著名的城市规划专家凯文·林奇所说："一座大桥……视野开阔和目标的突出，又加强了人对道路(桥)的体验。"桥面上的时间观念是高速流动的车辆或行进中的人流，给人以"车如流水，稍纵即逝"的感觉。楼阁的内部空间有相对静止或缓慢流动的人群，登楼极目四望，映入眼帘的是"林断山更续，洲尽江复开"的画图。桥上空间的"动"与建筑物的"静"形成对比，相互融通，随着时间、空间的流动，使人经历了由繁忙到闲暇，由紧张到松弛的过程，故登上层楼，顿生"寂寥天地暮，心与广川闲"的意境，从而领略到舒适、恬静的精神享受。

建筑群体的和谐美不同于一般天然景物的和谐美，虽然自然界中一切美的事物无不是和谐的，但和谐的建筑艺术比自然形态的美好组合有更高的要求。建筑群的和谐表现为统一，即反映出整体感和统一感。和谐带给审美主体的是愉快和舒适，因而对建筑群产生亲近感。武汉长江大桥的形式构成，具有近景欣赏及远景欣赏的效果，既有结构的形态美，又有组合建筑群体美感的功能，恰当地处理好与其他建筑物的关系，使整个建筑群浑然一体，相映成趣。

二、大桥造型的和谐呈现

武汉长江大桥桥型和谐优美，在细部设计上颇具匠心，有非常好的视觉效果。武汉长江大桥在初步设计时就明确，大桥的全貌应独具风格……既须符合于结构方面的要求，又须符合于建筑美术方面的要求。从整体出发，武汉长江大桥正桥与引桥采用同一桥型的处理方法最易达到外观的和谐。引桥采用高连拱装饰外墙方案，既满足了桥下干道的通行要求，又借助于圆拱的造型，让引桥与主桥具有空间体量、立体形态、构造节奏等多方面的顾盼与呼应。全桥主轮廓线连续流畅，桥头堡的"界分"作用如画龙点睛般，使钢筋混凝土装饰"拱体系"与钢桁"梁体系"和谐过渡。武汉长江大桥采用现代建筑材料来构建古典建筑元素的桥头堡亭阁，不仅是传统工艺的创新，而且使其与引桥、墩台间达到质感及色调上的一致，从而增强了全桥造型的整体感，桥头堡亭阁型式的确定虽然也受到当时流行建筑风格与建筑思潮的影响，然而在特定环境中，却孕育着重大的实用功能。

　　武汉长江大桥的设计体现了中国南方建筑文化的特征，所呈现的南方干阑式建筑风格与北方高台式的建筑风格迥然不同，桥栏选用与天、水颜色相和谐的色彩——银灰色，与自然色调高度和谐。在艺术性格上展现出对中和、平易、含蓄而深沉的美的追求。武汉长江大桥正桥是九孔八墩上横卧巨型米字形结构钢梁，重复排列，构成强烈的视觉美感效果。桥面两侧护栏图案三孔为一组，依照一定的轴线关系、平衡分布原则和具体需要构成整个组群。主要方式是平面上的层层铺开，注重移步换景和空间层次，体现时间进程中的空间意识，注重含蓄美的表达和体验。铸铁护杆呈现间变、交替的节奏，考虑了高速车流行进中车内乘客的视觉要求，也为缓慢行走于桥上的人流留下遐想与回味。护栏的构件是以现代铸造技术制成，艺术形式是我国独特的"镂空剪纸造型"，坚固安全、美观实用、风格独特，是桥梁建筑之创举。

第三章 武汉长江大桥护栏图案的特征

武汉长江大桥护栏装饰图案具有鲜明的传统艺术特征，图案呈现的是具象的花鸟草虫形态，而深层次的内涵是这些形象表达的意象。传统美术以自身特有的文化背景、心理结构、审美趋向为基础。采用联想、象征、互渗等独特的造型手法，来表述人们的内心情感。作品往往是由某一物象中相似谐音产生丰富想象后创造出来的形象，并会以程式化的符号形式世代相传。"符号"特征使得诡秘、隐喻的内涵变得非常直白。无需咬文嚼字，各个阶层的人都能读得懂，看得明白。就中国传统美术而言，有形象化造型、谐音化造型、意义化造型、情势化造型、功能化造型等造型规律。这些规律在大桥图案设计中皆有体现。

第一节 武汉长江大桥护栏装饰图案构成

武汉长江大桥正桥两侧是铸铁装饰护栏，它的优点是透明性好，视觉效果轻盈玲珑，且便于游人在桥上观赏时把扶。护栏中最让人流连忘返的是它的装饰图案，古朴、精致、吉祥，令人过目难忘。从图案功能上看，大桥护栏装饰图案由三部分构成。

一、首末端图案

从武汉长江大桥的引桥进入正桥，护栏逐渐由透明性低的厚重砌块式结构变为通透性好的铸铁镂空雕花式结构，护栏图案也由相同的几何式抽象纹样变成造型各异的具象纹样。引桥的首末端和正桥的中间呈现的是浮雕麦穗图案（图6-9），镶嵌在长0.88米，宽0.46米的长方形钢板上，桥两端单侧各2个图案，桥中单侧各2个图案，全桥共8个浮雕麦穗图案。由此形成有始有终，中间呼应的排列模式。总数为8的吉祥数字，同富于哲理的吉祥纹样麦穗图，印证了俗语"良好的开端就是成功的一半"的说法，这种首末端图案的设计和排列，呈现的是一种不脱离民间信仰体系的综合型艺术效果。

二、间隔图案

进入正桥，武汉长江大桥护栏材料由钢材代替了水泥沙石，色彩也由泥沙材料的本色浅赭石灰色变成了由油漆喷成的蔚蓝灰色钢体护栏。武汉长江大桥护栏以菱形祥云图案（图4-1）为间隔单元，单侧142个，全桥共284个。菱形祥云图镶嵌在长2.9米，宽0.77米的长方形护栏中。护栏最上面是宽0.15米的平面，中间纵向竖立着直径为0.035米的17根圆形钢柱，菱形祥云图横向附着在正中的7根圆形钢柱中，17根圆柱中左右边各5根圆柱，逢单数正中有灯笼造型作装饰，连接圆柱的钢板由3个圆形钢球支撑栏面，以菱形祥云图案为主的长方形护栏单元，成为整个护栏的一个重要组成部分。

间隔图案是护栏装饰图案中用得最多的一种，在数量上占据绝对优势，视觉上形成优势兴奋区，虽是起铺垫作用的图案，但却担当了形成基调的重要角色，就如音乐中的调式和美术作品的色调一样重要。武汉长江大桥的间隔图案给人们一种什么样的感觉呢？其主要构成要素是：灯笼、祥云。灯笼是中国老百姓逢年过节、家有喜事时用作烘托气氛的装饰品，是吉祥、喜庆的代表；祥云为祥瑞之云，能给人带来好运、福气。这是两个极具特色的中国元素，由其构成的间隔图案代表吉祥喜庆的寓意表征。

三、主体装饰图案

武汉长江大桥正桥装饰护栏的主体图案镶嵌在双层长方形钢制框架中，上下各由一个大的钢球连接护栏杆面和桥栏隔体。图案的边框是长0.63米、宽0.42米的长方形，边框的四周中点分别有4个小圆钢球与钢板连接，四角心形向内的角呈圆弧形。铸铁图案有48种不同纹样，单侧重复排列三次，其个数分别是48、49、48，全桥共290个。

长方体框的主体装饰图案左右两侧为菱形间隔图案，形成动静结合，主次分明的格调，整体画面清新、爽朗。48种不同纹样的图案，是借用雕花剪纸方式采用铸铁工艺铸造而成，纹样内容为老百姓耳熟能详的、约定俗成的固定搭配，其中以花鸟图为主的图案，其主题全部为吉祥、祈福、祝愿、民间故事等题材。这些题材同间隔图案的格调达成高度的一致，共同组成传统美术的艺术长廊，展现于万里长江之上，供游人欣赏、评说。这种人文资源是其他大桥所不具备的，也是武汉长江大桥的独有特色。

第二节 武汉长江大桥护栏装饰图案的用材与造型

一、图案的材质与造型特点

武汉长江大桥护栏所用材质既有别于古桥的石材，又有别于近30年所建大桥的新钢材，选用的是质地坚硬、便于造型的铸铁材料。大桥护栏造型没有古桥常见的厚重华丽的石雕护栏望柱和龙兽浮雕，也有别于当代桥梁护栏的机械式重复节奏。武汉长江大桥护栏造型采用的是半透明镂空雕花式，具有轻巧、穿透、古朴、生动的艺术特点。由于排列规整，同样也具有较强的节奏韵律美和独具风格的造型美。从颜色上看，武汉长江大桥选用的是蔚蓝灰色，与长江、汉江的江水相印，同龟山蛇山两山相依，与地域环境协调和谐。

二、图案视觉效果与协调表现

武汉长江大桥护栏图案的特点还表现在其图案排列及整体效果上。武汉长江大桥两侧铸铁护栏图案排列得很有规律，正桥两侧共 290 幅图案，从南桥头堡到北桥头堡，每间隔约 8 米依序排列 48 幅构图各异的铸铁护栏装饰图案，按"48 幅—49 幅—48 幅"模式重复排列三次。民间有一说法，其个数 48（是发）、49（是久）、48（是发），象征我国国运要长久发达。纵观大桥的正桥，两端各有两个华贵典雅的亭式桥头堡，两侧是一幅幅寓意深刻的剪纸雕花图案，护栏装饰图案外框为长方形，上下各有两个圆球，左右各有一个圆球，同护栏支撑杆上下左右相连，形成六球与护栏杆相连的造型，寓六六大顺之意。图案边框是长方形的方胜纹，四角以边压角的造型构图，意为吉祥。每幅剪纸雕花图案间由横向的菱形祥云图案间隔，菱形祥云图镶嵌在圆柱中间，每根圆柱中间有一个小灯笼作装饰，整体构成一幅美丽和谐的中国工艺美术长卷，给人无限美感和深刻遐想。

1. 生生不息的美感呈现

武汉长江大桥装饰图案在动物、植物中选取，在纹样构成形态等方面，总是追求画面艺术形象的元气和生机，把描写的对象表现得活泼神妙，充分展示其生命力的旺盛与跃动。许多图案豪放粗犷，构图饱满，空白的地方用各种变形的几何纹来填充，透露着生生不息的生命观。

以缠枝纹为例。缠枝纹是一种以藤蔓、卷草为基础提炼而成的传统吉祥纹饰，在吉祥图案中经常用以穿插填补构图缺陷。在武汉长江大桥装饰图案中有牵牛花儿图、万年长青图、瓜瓞绵绵图等。缠枝纹呈连续缠绕，花叶繁茂、疏密有致，形态多姿，富有动感，生动优美。因其枝缠叶绕连绵不断，故具有生生不息的气势。缠枝纹成阴阳交互的两极，内弯的曲线产生由内向外的张力，并向四周循环扩张，形成了一股强大的力量。这种力量与人内在的生命力形成强烈的共鸣，情感随之波动，形成颇具中国意味的独特意境。缠枝纹上具有生命力的藤蔓，在交替、补充、融合中，在人的视觉上造成生动、丰富、充实的效果，枝条的张力向四周扩散，打破了时空的界限，形成了生生不息的强烈美感。

2. 太极造型的视觉效果

负阴抱阳的太极图是宇宙万物运动的象征，它极为形象鲜明地揭示出阴阳在时空中发展变化的普遍规律。这种太极阴阳相互消长，互抱互回。在时空上，表现为阴阳交错分合，上下波动，互生互化，由量变到质变，循环不已，在运动过程中，保持着太极整体性。太极图格式适合于描绘自然中成双成对、相互顾盼呼应、回旋的形象。这种以太极图为骨骼的图像在武汉长江大桥装饰图案中比比皆是。如大桥护栏图案荷花鸳鸯图（图 8-2）中，一对鸳鸯在水面悠然戏水，荷叶婀娜多姿，荷花娇艳欲滴，鸳鸯深情凝望。双鸽赏花图（图 8-22）中，黄秋葵树茂盛地生长着，叶儿舒展，花朵争相开放，花丛中，雌鸽静静观察鲜花，雄鸽闻香起舞。杏林春燕图（图 8-19）中，两只燕子相向而飞，一只俯身向下，另一只仰身向上，彼此相望飞舞在白色的杏花和嫩绿的杏叶间，灿若锦绣。相思图（图 8-1）中，红豆树枝婀娜，枝上两只相思鸟依枝而眠，神态安闲。芦雁图（图 8-4）中，绿色的芦苇，白色的芦花，两只洁白的大雁，艳丽的莲花，构成一幅色彩浓郁、耀人眼目的美丽画卷。喜鹊登梅图（图 8-7）中，一对喜鹊在花丛中尽情嬉戏，梅花艳丽，喜鹊活泼。太极阴阳构图元素深受民间设计师的钟爱，广泛运用于民间传统吉祥图案中，表达出人们祈求圆满、团聚等充满生机与欢乐的情感。它不仅体现了美学形式法则中的平衡美、运动美、虚实对比、色彩对比等规律，还赋予了图案丰富的内涵，体现出深厚的文化底蕴。

3. 图案构图的多重视角

中国吉祥图案在构图上尽量避免物体间的遮蔽，常以一字展开、上下纵式展开以及向四周射状展开。无论是表现情爱、繁衍，还是对吉祥、丰收的祝愿，主题的表达是首要的。在表达上手随心走，以思维的发展过程而展开。远处的景物不一定小，近处的也不一定大，采用的是中国传统的散点透视方法。在平面吉祥图案中，面对视觉无法看到的物象，不是采取遮掩的方法来处理，而是借鉴主观经验进行推理的方法，将看不到的部分以反常规的形式表现出来。物象的表层无法挡住艺人的目光，民间艺人根据自己的认识和需要，直接反映表象掩盖下的物象。如武汉长江大桥护栏图案榴开百子图(图6-7)，为了表现石榴多籽的特征，便直视其内部，图案中侧剖的石榴露出晶莹剔透、颗粒饱满的石榴籽。这一切在民间艺人那里都显得那么自然，好似"理所当然"的事一样。在他们的艺术世界里，立体的世界被任意压缩在二维平面上，物象表层随时随地都可以根据作品表意的需要而撕去，使其意欲表现的形象一览无余。

武汉长江大桥许多图案的造型形态是不受时空常规制约的。创造者们不会用静止的眼光去观察物象，他们不仅能将一个物体的几个特征同时表现出来，还特别善于从多角度去理解不同事物，并将它们的特征在同一画面中进行综合表现，把物象之间所占有的时空体验尽情尽兴地整合起来。如武汉长江大桥护栏图案花鸟图，花和鸟的组合完全按设计者的意愿设计，不会考虑其自然生态属性，鸟的形态会按图案所要表达的思想变化，姿态变化万千。在中国吉祥图案创造活动中，民间艺人有着自己的视知觉心理基础，他们认为自己表现的人物、动物、花鸟是真实的，是事物现实的样子或应该有的样子。这种打破时空概念的营造方式，是通过对物象实际接触后，所获取的多方面由表及里的感性理解，并以"平面"表现手法肯定下来，构成一种解决多维感受的特殊格局，为大千世界丰富多彩的物象相通、相融、置换等，开辟了和谐的、理想的艺术空间。

4. "满"与"空"的艺术魅力

吉祥图案在布局上追求"满"与"空"的对立统一。利用形象的自由组合，在平面中寻求多种构成的形式，且构图常为对称式，这种对称式的构图有利于主题形象的突出。中国吉祥图案的造型原则讲究"求全""求大",忌讳残缺不全、形单影只。表现在吉祥图案具体的造型中即为:硕大丰满、完整团圆、对称偶数、阴阳相守、动静结合。如武汉长江大桥护栏图案菱形祥云图(图4-1),圆形云朵为中心,上下左右完全对称,云纹样随构图美感需要作大胆的变化、组合,达到以少的素材运用,产生丰富多彩的画面效果的目的。吉祥图案在构图上的求大求全,内容上这种生命繁衍与灵动的崇拜,必然导致内容上的繁盛,造型以繁复为主。但"满"与"空"并不矛盾。传统艺术中的造型千姿百态,繁简相宜。中国吉祥图案在构图上追求"满",是图案构成的一种法则,但这种"满"又并不觉得画面拥挤和堵塞。民间艺术家在"满"中寻求变化,利用大面积白色背景去获取"满"与"空"的对立统一,利用画中白的形象在"满"中求变化,达到画面既饱满,又轻松自然,满而不挤,空而不虚。如大桥护栏图案紫薇蓝鹊图(图8-21),构图十分简单,一只蓝鹊在紫薇树上打盹。若不假思考就会觉得画面有点空,但细细想来,却并非如此,它表现了许多内涵:闲适、恬静的氛围;绿树、红花的场景;美梦成真的意境等,给人无限想象的空间,这样一来,我们会感觉到画面的丰满。艺术创作的过程是随着人们对事物理解的逐步加深而由单纯发展到复杂,从低级发展到高级的过程。简与繁的现象从发展的角度看正是由单纯到复杂的过程,但作为艺术的表现形式,单纯与复杂、简与繁并不是绝对的。简并不是简单,繁也不是繁杂,即便是单纯很"满"与单纯很"空"的作品,如果内容排布适中,形象灵动,也不失为上等的佳作。

第三节 武汉长江大桥护栏装饰图案简介

一、护栏装饰图案命名

武汉长江大桥共有50种不同纹样的图案造型,按照图案纹样的表现形态，可分为以下五个部分命名。

(1) 符纹图案。共 1 幅：菱形祥云图。

(2) 动物图案。共 7 幅：凤凰展翅图、孔雀开屏图、金猴摘桃图、玉兔桂花图、梅鹿同春图、松鼠葡萄图、公鸡葵花图。

(3) 植物图案。共 9 幅：麦穗图、兰花图、水仙花图、玉竹图、杜鹃花图、绣球花图、木棉花图、枇杷果图、榴开百子图。

(4) 草虫图案。共 10 幅：万代绵长图、牵牛花儿图、瓜瓞绵绵图、万年长青图、兰花蜜蜂图、连年有余图、青蛙戏莲图、百年好合图、螳螂捕蝉图、菊香蟹肥图。

(5) 花鸟图案。共 23 幅：玫瑰长尾雉图、喜鹊登梅图、芦雁图、天鹅睡莲图、鸥鸟迎春图、白头偕老图、月季云雀图、桃花鹦鹉图、仙鹤踏浪图、一路连科图、枫树猫头鹰图、锦上添花图、樱桃画眉图、杏林春燕图、一本万利图、松树啄木鸟图、相思图、荷花鸳鸯图、双鸽赏花图、紫薇蓝鹊图、芙蓉黄鹂图、槐树八哥图、蕉雀图。

二、护栏装饰图案纹样涉及的物类

从图案纹样来看，有 50 幅图案涉及动物、植物和景物。景物有云和水。动物以鸟禽类居多，有 26 种，如孔雀、凤凰、仙鹤、鸳鸯、公鸡等；其他动物 14 种，如梅花鹿、鲤鱼、青蛙、喜鹊、蝈蝈等。植物类花卉有 28 种，如梅花、桃花、兰花等。农作物有麦穗、向日葵、丝瓜、葫芦 4 种。树木有 6 种，如枫树、荔枝树、松树等，其他类有芦苇、小草、竹竿等 8 种。总计 88 种。①

图案素材全都是大众熟悉的物类：孔雀、鲤鱼、仙鹤、鸳鸯等，以及梅、兰、竹、菊、荷花等，这些动植物都是人们常见的物种，大部分是民间手工艺活动或民俗活动表现的主题，日常生活经常接触，人们能

---

① 陈元玉. 武汉长江大桥护栏装饰图案研究[J]. 湖北第二师范学院学报，2009，26(7)：78-80.

通过图案理解其深层的内涵寓意。

第四节　武汉长江大桥护栏装饰图案的意象构成

武汉长江大桥护栏装饰图案在选材上以简洁为原则,采用抽象概括后的典型元素构成,同时满足审美和制作工艺的需要。

一、大桥护栏图案纹样的意象构成

武汉长江大桥护栏装饰图案纹样的构成采用单元式、多元式的构成形式。其中单元式构成作品有 10 幅,由纯花卉图案 7 幅,祥云图、凤凰图、麦穗图各 1 幅组成。多元式作品 40 幅,纹样选用两种或两种以上的元素组成,分为植物组合和动、植物组合两类。大桥护栏图案从其组织形式来看,全部是单独纹样,纹样构图手法灵活,疏密有致,主题突出,式样美观。从组成图案的形象要素来看,所有图案纹样都是具象造型。50 幅不同纹样的装饰图案护栏,所选纹样通俗,为广大群众喜闻乐见。造型简洁美观,能引起人们审美的共鸣。

1. 单元式图案的意象表现

单元式纹样构成的元素外观上符合形态优美、表现力强的特点,内涵上符合文化底蕴深厚,能反映某种思想和意寓的特征。如武汉长江大桥护栏图案水仙花图、凤凰图等。这样的构图既有简洁的形式美,又有丰富的文化意境,是民间常用的一种构图形式。

武汉长江大桥 10 幅单元式纹样虽然内容单一,只用一种动物或植物来造型,但构图美观大方,采用抽象夸张的造型手法,将纹样的典型特征呈现出来;将形式美和内涵美合二为一,是图案设计的经典之作。

2. 多元式图案的意象表现

多元式纹样的构成元素在两种或两种以上,这些构成元素间多有联系，绝大部分是民间认可的固定搭配，如螃蟹和菊花、猴子和桃、螳螂和蝉等。多元组合后的图案不仅使造型成为一个整体，使画面更加丰满，造型更有韵味，而且在表意上彼此补充，形成更有深意的内涵。

武汉长江大桥护栏图案中多元素图案占大多数，共 40 幅，大多以动植物为主要描绘对象，有花卉、蔬果、草虫、畜兽、鳞介等，每幅图案包含两种或以上的元素，动静结合，画面丰富，构图饱满，图案采用中国传统花鸟画造型手法，注重"夺造化而移精神遐想"。这里将武汉长江大桥护栏多元式图案按意象内容归纳成三类。

（1）表达甜蜜爱情意象的图案。有荷花鸳鸯图、相思图、芦雁图等 6 幅，都是歌颂或祈盼婚姻美满幸福、爱情天长地久的图案。画面诗意浓郁、构图严谨、布局合理，给人以审美享受。

（2）表达吉祥如意意象的图案。有连年有余图、喜鹊登梅图、杏林春燕图等 20 幅。这些图案有表现丰收喜悦的，有祈盼步步高升的，有希冀多子多福的，数量较多，很多都是大众化的意象。

（3）表现民间故事传说意象的图案。有螳螂捕蝉图、玉兔桂花图、瓜瓞绵绵图等 14 幅。它们表现的或是民间谚语，或是民间故事传说，或是老幼皆知的典故。

二、大桥护栏图案的意象构成方式

武汉长江大桥护栏装饰图案依附于各种形态载体之上，图案的内容和形象载体多种多样，涵盖日常生活的许多方面，构成的主要方式有谐音和寓意两种。

1. 谐音的意象构成方式

谐音是一种文化现象，是社会心理在语言上的折射，在汉语中这种状况尤为突出。一方面是汉语丰富的同音词，为谐音表义提供了语音条件，另一方面，汉民族的传统文化心理也是谐音现象多发的原因。汉民族习惯于以一种体悟的方式来把握事物之间的关系，宽泛、灵活而松散，由这一方面联想到相应的另一方面。而且汉民族思维比较感性，讲究对称、注重成双、习惯联想、善于比附。吉祥图案选用谐音表义的方式，也正是利用了这种思维特点，单看画面是一幅美景，思量含义又是别有洞天。像蝙蝠谐音"福"，鹿谐音"禄"等，都是最为常见的吉祥图案构成的例子。如武汉长江大桥护栏图案梅鹿同春图，从画面形式上看，是一只梅花鹿在梅花树下闻花香的神态，而隐寓内涵是六六大顺，仕途顺达，前途似锦之意。有些图案不仅取其谐音，在搭配后还形成特殊寓意，譬如大桥装饰护栏图连年有余图，是由鲤鱼和莲花搭配，取其谐音"连""余"，构成一幅约定俗成、传诵已久的美图。再如武汉长江大桥装饰护栏图喜鹊登梅图，其构成元素是喜鹊和梅花，喜鹊自古有嘉瑞之誉。五代王仁裕《开元天宝遗事·灵鹊报喜》："时人之家，闻鹊声，皆为喜兆，故谓灵鹊报喜"。民间多以喜鹊喻喜庆之事，"梅"与"眉"同音，故又作"喜上眉梢"，言人逢喜事，神情洋溢。

2. 寓意的意象构成方式

中华民族在漫长的进化过程中养成了整体观察世界的方式，习惯以感性直观的方式观察体会人与自然社会的关系。中国传统思维方式重直觉体悟，总有一种穿透语言，寻找语言背后之意蕴的特点。在武汉长江大桥护栏装饰图案中，托物寓意的手法正属此种构成方式。多种生物由于生态、环境、条件、遗传等因素，形成了各种不同的形态特征、生理特征、使用价值等。人们就借物喻志，将某种意义托于此物，遂形成特殊意义图案。松、竹、梅在百花凋零、天寒地冻之时，依然常青甚至绽放，因此它们被象征为不畏恶境的勇士，报喜迎春的使者，称为"岁寒三友"。如大桥护栏图案玉竹图（图6-4），由洁白的玉兰花和翠绿清新的竹构成，寓意高洁、清雅。有些图案涵盖的意义非常广泛、寓意深刻。如由鹭鸶、莲花、荷叶和水波构成的一路连科图（图8-17），鹭和路，莲和"连"谐音，尚和"科"谐音。科，科举，封建社会科考之中连连及第谓之"连科"，一路连科比喻仕途畅通，步步高升。杏林春燕图

(图8-19)也有特殊寓意。科举制度,第二年春天大比,恰逢杏花盛开季节,故以"杏月"比喻殿试之期。当年及第登科者,天子按例赐宴,是为盛事。燕与宴同音,故作群燕翩飞于杏林的图案,名作"杏林春燕",比喻科举高中,名列前茅。

第五节　武汉长江大桥护栏装饰图案意象的深层内涵

吉祥图案是我国先民在祈愿生命的繁衍和发展过程中,形成的独特视觉艺术形式。在民众看来,现实世界的客观事物以及某些图形似乎都关联着特定的观念,具有一定的涵义和象征,即意象。意象就是以"意"生"象",再以"象"表"意"。"意"是指内容、主题、客观现实的意义,"象"是指非具体真实的物象,是人们对以往感知的事物的一种主观反映,是宇宙的真实在人大脑中的映射,是人在现实世界中提炼、概括、总结创造出来的形象。中国把吉祥观念与造型艺术相统一的美术图案源于商周,始于秦汉,发展于唐宋,成熟于明清。在明清之际各种装饰纹样,有图必有意,有意必吉祥。明清以后,传统美术作品对祈求喜庆的内容越来越突出和重要,借取中国汉字文化与动植物语句的谐音和隐喻的手法,将民众的欢乐吉庆、祝福祈求表达出来。武汉长江大桥护栏装饰图案就是中国传统艺术思想运用于艺术形象的成功案例。

一、生命一体化的思维模式

在原始社会,自然万物既是初民生存的依托又是大敌,对于日月星辰山川草木之神的顶礼膜拜和诚惶诚恐,一方面折射出了初民对于自然灾难的恐惧心理,另一方面,初民的观念意识里,他们相信生命的一体化和生命之间的可转换性,相信灵魂的不灭,以此来慰藉对死亡的恐惧。这种生命一体化的认知,使我们的祖先将自己的生命与万物冥合,而这类物象的文化象征,在长期同义反复的关照和熏陶中,得以实现图示化与比喻的结合或统一,代表意义的物象与被代表的观念融合为一体。随着人类思维能力的进化，吉祥图案不但没有抛弃这一表现方式，反而更加自觉地利用这一思维形式进行持续丰富的创作，结合音韵及不断出现的新事物来更新吉祥图案的内容，不断丰富吉祥图案的内涵。

　　古代哲学的"观物取象"和"类比推衍"指导民众观察、体验客观物象，并加以比附、象征，从而使这些客观自然物同样带有象征生命繁衍、人丁兴旺的表征意义。如种子的繁殖功能引起民众的崇敬和好感，因而多籽、生命力强的动植物就被民众加以比附，从而成为象征生命力旺盛的文化符号。大桥护栏图案在创作中把葫芦、莲子、石榴、鱼、蛙等作为多子多孙、生命力旺盛的吉祥物，并演化出许多文化主题。如榴开百子图——石榴具有多子多孙、吉庆和睦的佳兆；松鼠葡萄图——因葡萄果实堆叠厚密且多子，故有多子之喻。松鼠是老鼠的变通；老鼠在十二生肖中对应地支"子"位，故有"鼠为子神"说。子神与多子的葡萄相结合，强化了期盼多子的命题。葫芦和蝈蝈构图的吉祥寓意为多子多福、和谐美满等。而对于追求幸福生活的人生态度也以同样的方式被加以比附，并以寓意象征手法来表达人生的吉祥愿望和思想感情。如金猴摘桃图寓意福寿连绵、吉祥长寿；公鸡葵花图表明人们对生活充满激情，并勇敢追求幸福生活的人生态度。

二、约定俗成的意象符号

　　创造与运用符号是人的基本特征之一，各种文化都是人类符号活动的结果，各种文化现象都是以符号形式表现出来的人类经验，人类凭借符号并以符号为媒介来认识外在世界，将现实事物和图形与人们的生产生活实践联系起来，现实事物的那些合目的性的感性特征，在实践的过程中逐渐为人注意和重视，并形成了一定的心理感受。在长期的心理演变过程中，这些现实事物不同程度地丧失或模糊了其原始意义，从而演变成相对稳定的观念性符号。这种观念性的符号通过民众集体意识的渗透作用深入到民众的个体意识当中，成为民众共同使用的语汇。这些共同的语汇在民间约定俗成、家喻户晓，具有高度的集体性、传承性，并深深地影响了民间的审美活动，成为民间美术创作中常使用的观念性造型符号。这也正是许多图案中题材、内容、纹样等程式化、规范化、趋同的原因。大桥护栏图案选用的题材中，动物有孔雀、凤凰、仙鹤、鸳鸯、公鸡、梅花鹿、鲤鱼、青蛙、喜鹊、蝠蝠等。植物有芙蓉、梅花、桃花、兰花、麦穗、向日葵、丝瓜、葫芦等，都是集体意识历史地建构起来的观念性造型符号。创作者个体在造型中选择这些符号以前，它已经含有或关联某种先验性的、历史的观念意义，从而使民间艺人在选用这些客观对象或造型符号时受到一定的限制和约束，并遵循其传统的象征或涵义，因而在作品成型后体现出强烈的传承性、程式化、集体性等特征。

三、独特的象征艺术

象征在文化中占有十分重要的地位。象征是用具体事物表现某些抽象的意义，它是不可见的某种物（如一种概念或一种风俗）的可以看见的标记，"拟人"或"托物"都属于象征。民间艺术图案许多都是独具东方神韵的真正的象征型艺术，象征意象是艺术追求的至境形态，也是人类最古老的文艺形式，蕴含着强烈的情愫和艺术的因子，其根本在于不断创造新兴之美，借此宣泄内心的欲望与情绪，属浓缩化和夸张化的生活。象征常采用"寓理于象"的形式，有如隐喻。

武汉长江大桥护栏图案中的天鹅睡莲图、一路连科图、荷花鸳鸯图、连年有余图等多有莲花纹饰。在民间艺术中莲花通常是原始生殖崇拜的象征，从植物学上讲，花是植物的生殖器，人们自然把花的形象理解为对人类繁盛和繁衍的美好祝愿。莲花的植物形态更是体现了花卉春华秋实的生殖特征，莲花的自然特性被人们赋予其具有较强的生殖能力，而被视作是多子多福、子孙繁衍的象征物。莲花的自然形态和民众祈求多子的心理通过民间艺术中的莲花达到了一种共荣。莲花纹饰在民间经过长时间的演变，其中的生殖内涵开始升华和分化，从最早的生殖繁衍到祈求物产的丰收，如"连年有余"；有对获取功名利禄与实现中国传统家庭观念的荣华富贵的象征,如"一路连科"。"莲花"又叫"青莲",源于佛教中"火坑中有青莲"之说,常以莲花比喻"清正廉洁",宋朝周敦颐《爱莲说》谓:"莲,花之君子也。"民间多用出淤泥而不染的莲花象征"一品清廉",希望从政者廉洁清正。

　　武汉长江大桥护栏图案凤凰展翅图、孔雀开屏图,象征意义也十分明显。凤是人们心目中的瑞鸟,天下太平的象征。古人认为时逢太平盛世,便有凤凰飞来。凤凰也是中国皇权的象征,常和龙一起使用,凤从属于龙,用于皇后嫔妃,龙凤呈祥是最具中国特色的图腾。凤凰被认为是百鸟中最尊贵者,为鸟中之王,有'百鸟朝凤'之说。在中国人的思想形态里,"凤凰"自古以来就是传说中最重要的吉祥神奇之物,据说凤凰能火中再生,象征美好、才智和吉祥。孔雀在傣族人民的心目中是最善良、最聪明、最爱自由与和平的鸟,是吉祥幸福的象征。在中国和日本,孔雀被视为优美和才华的体现。对于佛教徒来说孔雀是神圣的,它们是神话中"凤凰"的化身,象征着阴阳结合以及和谐的女性容貌。

第四章　武汉长江大桥护栏符纹装饰图案

符纹是由物象抽象而来，或是由太古洪荒时期，人们创造的神秘符号延续而来，这些表面具有简单线条的图案，却涵盖了世间的阴阳万物动静虚实。越是抽象的东西，越是给人以无限的可能性，从而带来了意义的多重选择。经过几千年的演变，渐渐形成了一整套意义符号体系，并附带了一整套价值体系，成为一系列的中国符号，只有居住在这个地域的人清楚它的内涵，代代相传而无需用语言准确完整地表述出来。

符纹图案依据构成元素的差异可分两类：一是由文字脱衍而来的符号纹饰，如喜字纹、福字纹等；二是从物类的自然属性中抽象出来的符号纹饰，如云纹、雷纹、龟甲纹等。依据构成方式的不同也可分为两类：单元式符纹图案和多元式符纹图案。这些符号纹样，成为求吉纳福的装饰艺术祥瑞符号，单纯的审美性和求吉的功利性在此完美交融，对吉祥的功利性追求并未减弱这些纹饰的美感，反而使其显得古朴而厚重，充实而有所寄予。

第一节　单元式菱形祥云装饰图案

武汉长江大桥装饰护栏菱形祥云间隔图，即为单元式符纹图案，是用云纹作为构图元素设计形成的图案，这种图案主题明确，在功能上起铺垫和间隔的作用，在造型上具有极强的动态之美，是东西文化的典范，在整个大桥美术设计中有着举足轻重的重要作用。

菱形祥云图(图4-1)是位于武汉长江大桥护栏两个装饰图案之间的图案,构图是以圆环团云为中心,云纹环环相扣,上下左右对称,彼此联结错落有致,构图精细缜密,形象飘逸富丽。它是整个大桥护栏装饰图案的重要组成部分,用量大,作用更大,它的形象和意义非同小可,直接关系到大桥整体造型的布局、协调和特色呈现。埃米尔·普雷托尤斯说过:"所有的东方绘画,都可以看作是象征,它们富有特色的主题——岩石、水、云、动物、树、草——不仅表现了自己本身,而且还意味着某种东西。"①云在中国传统图案领域里作为一种非常重要和常见的纹样,在大桥护栏装饰图案中具有独特符号的艺术魅力,具有造型美感作用和吉祥象征意义。

图 4-1 菱形祥云图

一、云纹样的来源

远古传说"云神司雨",雨与五谷的生长关系密切,以农耕为主的

---

① [美]爱伯哈德. 中国文化象征词典[M]. 陈建宪, 译. 长沙:湖南文艺出版社, 1990.

先民，对自然条件的依赖程度高，天气好坏决定农作物是否丰收，就自然对这些自然现象产生畏惧心理。为此他们进行了各种祈求保佑、消灾降富、庇护生产和生活顺利的祭祀活动。于是，能给人带来吉祥如意、风调雨顺的"云纹"开始产生。古代许多器物、服饰、建筑上都有各种云的形态。在甲骨文中，云字的下部是卷曲的，可能是先民在观察云的形态之后，根据其卷曲的形态加以抽象而成的，后来演变成了云纹。商周的"云雷纹"，先秦的"卷云纹"，楚汉的"云气纹"，这几种纹样都是云纹的不同变化，但都具备一个共同的属性，就是具有旋动感。后来逐渐变化为具有旋动感气息的云纹，这些旋纹为造就某种普遍的审美理想和造型格式提供了必要的审美体现过程。

二、祥云纹样的发展演变

云纹样的形态种类非常丰富，除了 2008 年北京奥运会火炬祥云外，还有行云、朵云、层云、片云、团云等。在装饰意义上多以祥云来表现。祥云有"渊源共生，和谐共融"的意思。祥云的文化概念在中国具有上千年的时间跨度，是具有代表性的中国文化符号。

早在原始社会时期，云纹的表现就以旋纹为主，比如仰韶文化半坡类型，从早期的象形纹饰向几何纹饰过渡的过程中，产生了旋涡纹样，主要表现方式是点线。由于原始社会图腾崇拜和宗教巫术兴盛的影响，商代尊神重鬼，在鬼神观念的束缚下，做礼器和祭祀之用的青铜器上的旋涡状云纹有了新的变化，形成云雷纹。云雷纹也称方形云纹，这是一种变形的云纹，在云纹拐角处呈方圆角，像古文"雷"字的象形，它是以涡形纹为主体的几何云纹和雷纹的总称。春秋战国时期出现卷云纹，与云雷纹相比，卷云有"简化""打散"的变化趋势。前者表现为多重回转的旋线被简化成单纯的勾卷形，后者呈现出来的勾卷形宛如积云圆卷的图案化形态，从此成为云纹流变中最恒稳的构型元素之一，并构成以后进一步定型的云纹之"云头"的突出特征。秦汉时期云纹形式更为丰富，尤其体现在漆器上。祥云纹饰也是这时期的代表，祥云纹样是仙界、理想和现实结合的浪漫主义产物，既可纵横铺排，又能自由布置，形态可实可虚，可动可静，可作单色、可为五彩。它流动的曲线与回转交错结构的模式，是汉代纹饰基本的审美特征，就总体而言，汉代漆器云纹装饰是充满幻想、具有浪漫色彩的艺术。到了近现代，云纹样的变化与现代化科技相结合，比如奥运会上使用的祥云符号。祥云一般被描绘为彩色，有五色彩云、七色彩云等之说，代表祥瑞，在很多对联、年画、年历上也会有许多丰富的祥云纹样。武汉长江大桥的祥云纹样为单色祥云图。

三、云纹的寓意

1. 具有吉祥之意

从云纹的产生过程可以看出，人们对自然云的崇拜演变为对旋纹，进而对云纹的喜爱，从而云纹也就成为中华民族的吉祥纹饰。吉祥纹样表达人们对幸福生活的向往，它是现实的，又是理想的，云纹作为中国传统吉祥纹样，用途广，贯穿时间长，形态多种多样，体现了中华民族对它的喜爱。

2. 具有神性

云的自然形态的变幻有超凡的魅力，所以在古人看来，是上天的造物。最初多与其他的"神灵"一起出现，如萦绕在"龙"或"凤"的四周，造型复杂流畅。云是吉祥和高升的象征，因此云纹在大面积的装饰彩绘中，既是一种有深刻含义的装饰符号，象征天界仙气，又是装饰的形式结构。这种纹样自然就具备了一种神性，而这种神性是当时人们所向往的。云的形状随着具体到抽象的转变，其承载的意义也渐渐模糊，从表现仙境的神性之物，渐渐转向一种带有吉祥内涵的装饰物。

3. "气学"的延伸

云纹样的象征意义也在其他很多方面都有体现，比如魏晋南北朝时期南齐著名画家谢赫对绘制中国画提出"气韵生动"。所谓"气韵生动"就是要求绘画生动地表现出人的内在精神气质、格调风度，而不在外在环境、事件、形状、姿态上进行铺张描述。另外在中国功夫中有气功，典型的是太极，甚至最具中国色彩、最具文化理念和结构模式的"太极图"，都是运动的气。"气学"中"气"与"云"又是紧密相关的，"气"与"云"是互为一体、贯通一气的，因此云纹样在"气学"方面也起着非常重要的作用。

探索云纹样的形成发展过程，阐述云纹样的吉祥寓意，我们懂得了云纹样反映人们对万事万物希冀祝福的心理意愿和生活追求，它反映了装饰至善至美的本质，这也是中国传统文化的一种体现。武汉长江大桥护栏装饰图案设计中，之所以采用祥云纹样作为间隔图案，是为了通过祥云纹样图案，让中国人了解我们传统文化丰富的种类。我们应该继承和发扬它，把其精神元素融入现代生活中，体现特有的中国风采，赢得世界的认同。

第二节　多元式水纹回字纹龟纹装饰图案

武汉长江大桥众多护栏纹样中，由几种符纹组成的多元式符纹图案不多，但符纹与其他纹样组合而构成的多元式符纹图案却不少，大多是描绘水生动植物、水纹、龟纹等，这些符号纹样在图中有的是作为主要构成元素，有的是作为辅助元素，共同构成一个整体，表达祥瑞的主题。

水纹，是民间剪纸、陶瓷器、民间布艺等装饰纹样之一，是模拟水流或水波的形态，又称水波纹、波浪纹或波状纹等。水波纹最早出现在新石器时代的陶器上，浙江余姚河姆渡文化的陶器上已经有了刻划的水波纹。商周的硬陶器、战国秦汉的彩陶和原始青瓷上，水波纹成为主要装饰。宋代水波纹盛行，在定窑、耀州窑等著名窑场生产的刻花、印花瓷器中，水波纹占有很大的比例，常见的有水波鱼纹、水波荷花、水波鸳鸯、水波鸭鹅造型等。元代除了绘有鱼藻莲荷的池塘风光和衬托龙、海兽的海水波涛外，二方连续形式的海涛纹已成为当时青花上常见的边饰之一。明、清瓷器上的海水屡见不鲜，有作为主题纹样的，也有作为地纹与其他纹样相结合而组成的新纹样。

　　武汉长江大桥护栏图案中水纹作为底纹同其他图案结合构图的较多。如荷花鸳鸯图（图8-2）中的水波纹是表现鸳鸯在水波微漾的衬托下，相亲相爱的情形；天鹅睡莲图（图8-15）中的水波纹是表现天鹅在水波叠起的环境中，自由畅游的动态；青蛙戏莲图（图7-7）中的水波纹是表现青蛙在平静的池塘中相互嬉戏的场面。武汉长江大桥护栏图案中的这几幅水纹图案，虽然在图中不是主要表现对象，但其作用不亚于主体图案。天鹅生活在湖、海之中，水波必定跌宕起伏；鸳鸯彼此眉目传情，轻轻细语，水纹稍有波动就会增加浪漫情调；而青蛙在小池塘中生活，水浅无波，是现实生活的写照。

　　水波用来烘托气氛渲染环境非常合适。在武汉长江大桥图案中水纹作为主题纹样的还有仙鹤踏浪图（图8-18）。水波纹布满整个画面，形态富于变化，绚丽多姿，有舒展的波浪，有湍急漩涡，近纹细密远纹稀疏，是自然现象的真实再现。仙鹤在浪花中起舞，显出一品鸟的英姿和气度。在此图中水纹是主题图案，首先它在画面布局上占了优势，几乎占有三分之二的空间，其次是形态变化上的丰富多彩，最后在立意上，仙鹤和波浪同等重要，共同构成具有完整意义的图像，表达乘风破浪、勇攀仕途高峰的凌云壮志。

　　除水纹以外，在武汉长江大桥护栏图案中还有使用回字纹和龟纹的图案，它们是麦穗图中边框的回纹纹样和天鹅睡莲图正中的龟纹纹样，在图案中有装饰、衬托的作用。虽说没有主题图案那么重要，但在图案构成中也是不可或缺的。

　　武汉长江大桥麦穗图案下方的回字纹，是以方形回纹的连续排列，构成"U"字形边框，出现在图案底部，衬托麦穗。回形纹是从物类的自然属性中抽象出来的符号纹饰，其纹饰的意义从属于所来源的物象的特征，在从陶器青铜器到现代装饰演化的过程中，渐渐失去了原始的意义，成为单纯的装饰性图案。天鹅睡莲图中的龟纹，处在画面正中的位置上，其外形与水波、睡莲、天鹅的形象完全融合，形成一个整体，和谐美好，它的作用一是在画面中起绘景作用，在这幅水生动植物图中，龟作为水生动物出现在画面中，合情合理，二是龟有长寿的特征，在寓意上起补充的作用，使图案的意义更加丰满。正是这些看起来单纯的回字纹和龟形纹等审美性纹饰在画面中的置入，使主题图案求吉的功利性完美交融。对图案吉祥的功利性追求丝毫没有减弱这些饰纹的美感，反而使其显得古朴而厚重，充实而有所寄予。

第五章 武汉长江大桥动物装饰图案

中国传统艺术丰富多彩，祥禽瑞兽是其中的一个重要表现内容。这些纹饰再现了先民们在远古狩猎时期，因生存所需对动物的信赖和灼热的崇信、敬畏之情，展现了一种久远的集体无意识的物象文化记忆，开启了一种独特的神秘而率直的图像艺术审美。

在远古时期，人类的祖先在广袤的大地上狩猎、农耕，大自然中禽兽的牺牲在为人类提供食物孕育众生的同时，也带来了许多当时的人们无法避免的猛兽袭击的灾害，人们也无法理解："海阔凭鱼跃，天空任鸟飞"的情景，于是产生了对自然的飞禽走兽的敬畏心理，希冀通过人对它们的崇敬、信任而得到应有的福祉和庇护。于是它们中的一部分的"形象身份"经过人类自己创造的文化进行包装，从一般的自然物，成为有文化艺术意蕴的"有意味的形成"——祥禽瑞兽。传统动物造型表现出质朴、纯真、粗犷、朴素的美感，以传说或神话故事作为原型，更贴近生活，表现形式更加丰富，形态上也更为单纯、生动，颇具人情味。武汉长江大桥铸铁护栏图案中共有动物图案7幅。这些作品经过艺术加工，具有结构整齐、均匀、调和的特点。图案造型是由自然形象变为装饰形象，自然形象虽然很美，但它不能满足人们对美的需求，需要用更加理想和超然的艺术形象来展现。

第一节 武汉长江大桥护栏之鸟类图案

凤凰是人们理想中最美丽的鸟、吉祥的鸟。它的形象华美绚丽、飘逸婀娜、姿态高贵安宁、典雅大方，被人们崇尚为"神鸟""鸟中之王"，赋予其至高无上的地位。孔雀古称孔爵、孔鸟，分布在中国云南省南部，为中国国家一级保护动物，是世界上价值极高的珍禽之一，被视为"百鸟之王"，在传统文化中是"吉祥"和"真善美"的化身。武汉长江大桥铸铁护栏图案中就有这两种"鸟王"的装饰造型——凤凰展翅图和孔雀开屏图。

一、凤凰展翅图

凤凰是我国历代劳动人民创作出来的艺术形象，它集中了各种禽鸟美的大成，有锦鸡的头、鹦鹉的嘴、鸳鸯的身、大鹏的翅、仙鹤的足、孔雀的羽。凤凰是我国人民理想中最美丽的鸟，是吉祥鸟。它的形象华美绚丽、典雅大方，被人们崇尚为"神鸟"，并被赋予至高无上的地位。凤，是极富神韵的灵禽，其图案本身具有高度的装饰性，可方可圆，可随意曲折，适合各种各样的形态变化，凤的造型绚丽多姿，线条刚柔相济，有的往上飞舞，有的向下盘旋，有的亭亭玉立。大桥护栏图案凤凰展翅图中的凤凰根据凤的程式化造型，称它为翔凤（图5-1），即呈飞翔状态的凤凰，双翅展开，尾羽摇曳，姿态优雅而绚丽。

凤凰早在我国氏族社会时期，就和龙及其他自然界的动物形象一样，作为氏族部落的图腾而出现，这是先民原始意识和崇拜大自然的心理所形成的。《说文》曰："凤，神鸟也。"由于凤的早期形象是火、太阳和百鸟的复合，因此，古称"凤凰，火之精，生丹穴"。在我国最早的神话故事《山海经》中，有9次写到凤凰，其中有一段对凤作了如下描述："丹穴之山，有鸟焉，其状如鸡，五采而文，名曰凤凰……饮食自然，自歌自舞，见则天下安宁。"《诗经》上也有"凤凰鸣矣，于彼高岗。梧桐生矣，于彼朝阳"的诗句。《史记》中有"凤凰来翔，天下明德"的记载。从这些记载中我们可以看出，凤凰是一种色泽美丽、能歌善舞，非梧桐不栖，非竹实不食，非清泉不饮的灵禽。

凤凰的造型从殷商时期的甲骨文和青铜器上的凤纹开始，在数千年

图 5-1　凤凰展翅图

的漫长岁月中,历代劳动人民对凤凰的造型不断进行再创造,才达到现在这样华丽高雅、俊美完整的艺术形象。凤的造型有两大特征,一是常与太阳在一起,俗称"丹凤朝阳";二是其冠羽一般为三羽。这两大特征是凤从雏形开始至定型后,一直保持着的。在此基础上,随着社会的发展,历代的艺术家们展开了想象的翅膀,不断地集中和概括现实生活中各种禽鸟中最美的部分,根据自己的审美观、感情和理智,加以综合和统一,融合成一个和谐美的典型,并以丰富的装饰语言和富有节奏韵律感的线条,生动地刻画出了凤凰多姿多彩的美好形象。

　　凤凰图案和龙的图案一样,一直为统治阶级所占有和利用。《大戴礼》曰:"羽虫三百六十,凤凰为长。"民间流传"百鸟朝凤"的内涵,与人世间君臣之道相吻合。历代君主自称为龙的化身,即所谓"真龙天子"。凤,也就自然而然成为皇后、妃子们的代称了。宫廷的建筑、服装、首饰等，都用凤的形象进行装饰，如凤冠、凤钗等。但我国历代劳动人民创造的简洁洗练、质朴自然、生机勃勃的凤的形象，却永远扎根于人民群众生活之中，历代人民喜欢它的美好思想内容和瑞丽的形象。凤凰，隽雅秀美，婀娜多姿，文学家和艺术家给凤的这种特定的形象做了以下深刻的寓意：如意冠表示称心如愿；鹦鹉嘴表示欢悦的声音；孔雀羽象征吉祥；鹤足代表长寿；鸳鸯身寓意美满的爱情；大鹏翅表示前程万里。凤象征一切美好的事物，是天下太平时会出现的瑞鸟。美丽的凤凰，这一具有东方美之魂的中华民族独有的装饰形象，已经渗透于民族文化的方方面面。它象征着和平、安宁、幸福和祥瑞，翩翩飞越过漫漫历史长河，给历代人民带来了巨大的精神力量。它与龙一样，是中华民族的象征。所以，中华人民共和国成立初建设的武汉长江大桥图案中，就选用了一幅展翅飞翔的凤凰图。

二、孔雀开屏图

孔雀开屏图（图 5-2）由孔雀和茉莉花构成。一只美丽的雄孔雀展翅飞翔，头伸向茉莉花丛，神情专注，似在欣赏芳香的茉莉花，又好像在炫耀自己的美丽羽毛和飞舞的英姿。

孔雀被视为百鸟之王，是最美丽的观赏鸟类，属鸡形目雉科，雄孔雀有较长的尾屏，雌鸟大小几如雄鸟，但无长尾屏。茉莉花属木犀科，常绿灌木，叶绿花白，香气浓郁，有良好的保健和美容功效，还可以食用。

无论在古代东方还是西方，孔雀都是十分尊贵的象征。在东方的传说中，孔雀是由百鸟之长——凤凰得到交合之气后育生的，与大鹏为同母所生，被如来佛祖封为大明王菩萨；在西方的神话中，孔雀则是天后赫拉的圣鸟。

孔雀开屏是鸟类的一种求偶表现，雄孔雀抖动五彩缤纷、色泽艳丽的尾屏，"沙沙"作响，很多的眼状斑纹随之舞动，紫、蓝、褐、黄、红等颜色，绚烂缤纷，美丽至极，并展示各样优美的舞蹈动作，以炫示

图 5-2 孔雀开屏图

美丽,吸引雌孔雀。在我国,孔雀是吉祥、善良、美丽、华贵的象征,茉莉花素洁、浓郁、清芬、久远。孔雀开屏图,象征着爱情和友谊。

第二节　武汉长江大桥护栏之动物组合图案

在中国丰富的民间艺术造型中,以动物形象为主,搭配相关植物纹样,共同构成一幅组合图案,表达一定主题的装饰纹样,运用广泛。在形式上彼此呼应组成动静结合的美感,在寓意上能够相互补充,丰富图案的文化内涵,构成具有形式美和吉祥寓意的装饰图案。在武汉长江大桥护栏图案中,共有 5 幅这样的图案,每幅都造型优美、构图合理、形态自然、内涵丰富。

一、梅鹿同春图

梅鹿同春图(图 5-3)由梅花、萱草和梅花鹿构成。一棵梅花树上开满了美丽的梅花,鲜艳夺目,一只梅花鹿站立于草丛中,仰首闻花香,神态专注,似被陶醉。静态的梅花和动态的闻香、抬蹄的梅花鹿形成鲜明的对比,自然生动,跃然纸上。

图 5-3 梅鹿同春图

梅花鹿头部略圆,颜面部较长,鼻端裸露,眼大而圆,耳长且直立,颈部长,四肢细长,尾巴较短,雄性的头上具有一对雄伟的实角,角上共有 4 个杈;梅花,梅树的花,花瓣五片,有白、红、粉红等多种颜色,叶片呈卵形,枝干褐紫色常具刺,多纵驳纹,树冠呈不正圆头形。

梅花是有名的观赏植物，是我国的传统名花之一。《诗经》就有"山有嘉卉，侯栗侯梅"之句；《山海经》中也有"灵山有木多梅"的记载。梅花以其艳丽的色彩、清雅的芳香、婀娜多奇的风姿而深受人们青睐，与兰、菊、竹并誉为"四君子"，或与松、竹并称为"岁寒三友"。

我国人民对梅花怀有深厚的感情。梅花的特质已被人们所认同。比如从它的"玉雪为骨冰为魂"，人们会联想到高洁、忠贞和爱国；从它的"一树独先天下春"，又会想到它是春的使者，是友谊之象征，从它的"斧斤不死""凌寒独自开"，又给人以生命的律动，鼓舞人们表现出参与意识和抗争精神；从它的老枝怪奇、骨格清癯和寿命可达数百年，让人们充满了对生命的渴求，对高韵劲节的企慕；它的幽居深谷不慕富贵，表达了一种归隐意识，表达了人们对超凡脱俗人格的追求；从它"已被儿童苦攀摘，更遭风雨损馨香"的遭遇，表达了人们的一种忧患意识和感伤意识，……梅作为一种意象，积淀了集体的审美经验，成为民族的魂。

梅花鹿，在背脊两旁和体侧下缘镶嵌着许多排列有序的白色斑点，状似梅花，因而得名梅花鹿。梅花鹿在先民生活中有多种不同的用途。在物质生活方面，鹿肉富含蛋白质等多种营养物质，可供食用，鹿骨和鹿角可用以制作各类生产工具。在精神生活方面，古人的观念意识是万物皆有灵，祖先也有灵，他们要经常进行祭祀活动，供奉祖先和各种神灵，鹿就是其中一种特别的供品。良渚文化墓地上用鹿头祭祀先人，马桥文化中发现了用鹿角祭祀的特殊现象。

"呦呦鹿鸣，食野之苹。我有嘉宾，鼓瑟吹笙……"这是《诗经·小雅》开篇《鹿鸣》里描绘的美好景象。鹿，这种漂亮而又温顺的食草动物在远古华夏就十分繁盛。中医认为鹿茸具有生精补髓、养血益阳、强健筋骨的作用，是"回春"之药。在我国传统文化中，"鹿"与"禄"谐音，故而梅花鹿被视为吉祥幸福、财源滚滚的象征，寓意六六大顺，高官厚禄，一直为国人所喜爱。

梅花和梅花鹿组合构图，一是因外形上的相似，共有的"梅花形"给人以同质感与亲和力；二是象征意义上的相近，"报春"的梅花，是自然界春天的使者，"回春"的梅花鹿是人类春天的功臣。两者无论是外在还是内在都是完美的结合，使其寓意更加丰满完整：春回大地，春满人间。

二、公鸡葵花图

公鸡葵花图（图5-4）由公鸡、葵花和竹篱笆构成。一只美丽的大公鸡站在竹篱笆上，昂首啼鸣，三朵葵花竞相开放，构成高低错落，动静结合的画面，是中国吉祥图案中历史悠久的作品之一。

图 5-4　公鸡葵花图

葵花又叫向日葵、朝阳花，因其花常朝着太阳而得名。向日葵为一年生草本，外形酷似太阳，花朵大如椭圆盘。茎如竹，长丈余，叶类麻，多直生，有分枝。向日葵适合观赏摆饰，种子既能榨油又能食用。公鸡，家禽，形体健美，色彩艳丽，鸡冠大而红，尾羽长而美，品种很多，啼能报晓。鸡肉是美味，鸡毛可用于装饰和制作羽绒服，行动敏捷，鸡与人们的生活密切相关。

中国鸡文化源远流长，内涵丰富多彩。古代神话中有鸡是重明鸟变形的说法。传说尧在位时，常有恶虎下山，妖魅出林，肆虐为害，百姓视为祸患。后来一支国献来一种重明鸟，形状和普通的公鸡一样，奇特处在于它嫉恶如仇，能奋翮翻飞，激喙扬爪，专门搏逐猛兽妖魅，使它们不敢造孽。然而重明鸟并不常出现，于是有人仿其形，刻制木鸡，置于门户或屋顶上，居然也能起到吓退妖魅的作用。鸡能避邪也能致吉，"鸡"与"吉"相谐，寓为大吉大利。旧时民间婚俗迎娶时，男女双方都分别备一只大公鸡和肥母鸡，称作"吉人"，意为祝福新人吉祥如意。为此，古人称鸡是五德之禽：一曰守信、准时；二曰平凡、朴实；三曰勇敢、善斗；四曰辟邪、去灾；五曰灵通、神明。

向日葵的传说：水泽仙女克丽泰，在树林里遇见了太阳神阿波罗，然后疯狂地爱上了他。可阿波罗连正眼也不瞧她一下就走了，于是她只能每天注视着天空，看着阿波罗驾着金碧辉煌的日车划过天空。她目不转睛地注视着阿波罗的行程，直到他下山，就这样日复一日。后来，众神怜悯她，把她变成一大朵金黄色的向日葵。她的脸儿变成了花盘，永远向着太阳，每日追随阿波罗，表白对他永远不变的爱恋。向日葵金黄的花盘，对太阳有着非常明显的依赖性。"更无柳絮因风起，惟有葵花向日倾"，向日葵是向往光明之花，给人带来美好的希望。

公鸡葵花组合构图，是因为二者都与太阳相关联。日初出，葵花朝向，雄鸡即鸣。民间将葵花比作太阳花，将公鸡视为太阳的护卫和使者，因此人们在崇拜太阳神时，也将一份崇敬分予公鸡和葵花。公鸡葵花图的寓意是欣欣向荣、光芒万丈。

三、金猴摘桃图

金猴摘桃图(图 5-5)由桃树和猴子构成。一棵桃树从左下方长出,树上枝叶、花果茂盛,两只活泼的金猴在树上摘桃,神态灵动,栩栩如生,构成一幅美妙生动的摘桃图。猴是灵长目动物,大脑呈球状,眼眶朝向前方,眶间距窄,手和脚的指(趾)分开,大拇指灵活。猴主要分布于中南美洲、非洲和亚洲,喜欢以水果、植物的叶子和种子为食物。桃树是落叶小乔木,单叶互生,椭圆状披针形,花单生,粉红色,桃是桃树的果实,果核卵球形。桃树具有结果早、丰产稳定性能好,对土壤条件要求不太严格、栽培容易等特点,桃果味道鲜美,营养丰富,是人们最为喜欢的鲜果之一。桃有补益气血、养阴生津的作用,对大病之后气血亏虚、面黄肌瘦、心悸气短者有滋补作用。

猴子因《西游记》中主角孙悟空是一个神灵猴而家喻户晓,书中有关于孙悟空管理蟠桃园,因醉酒搅乱蟠桃盛会,偷吃仙桃的情节,使猴和桃结缘。孙悟空聪明、活泼、忠诚、嫉恶如仇,在民间文化中代表了机智、勇敢。移物换景,人们给猴子也赋予了同样的品质。汉族民众普遍认为猴为吉祥物。"猴"与"侯"谐音,在许多图画中,猴的形象表示封侯的意思。如一只猴子爬在枫树上挂印,取"封侯挂印"之意;一只猴子骑在马背上,取"马上封侯"之意;两只猴子坐在一棵松树上,或一只猴子骑在另一只猴的背上,取"辈辈封侯"之意。

传说,汉武帝寿辰,西王母乘坐神鸟青鸾,带着七枚仙桃飘然而至,赠给汉武帝五枚,汉武帝想要留下种子种仙桃,王母道"此桃三千年方生果,华夏地薄,种之不生。"仙桃之名由此产生。自古以来,桃始终被作为福寿吉祥的象征。诸花之中,桃花艳丽妩媚,扣人心弦,因此古人把"桃花运"作为男性获得异性缘的征兆。古人还用桃木做成桃符、桃人、桃木剑来避邪驱怪。随着人们对桃的崇拜,也增添了许多对桃画、桃雕的要求,如画桃要画双,画的桃越多越长寿等,折射出人民群众热爱生活、追求长寿的美好愿望。

图 5-5　金猴摘桃图

武汉长江大桥金猴摘桃图，将两种同样具有"仙气"的动物和植物进行组合构图，既生动形象地表现了猴摘桃的动态画面，又深刻诠释了福寿连绵，吉祥安康的美好寓意。

四、松鼠葡萄图

松鼠葡萄图（图5-6）由葡萄树和小松鼠构成。在长满葡萄的藤蔓上立着一只松鼠，正凝视着香甜的葡萄。葡萄枝叶丰满，藤蔓纤长，果实累累，造型生动有趣，田园风光浓郁。

松鼠属哺乳啮齿目科，松鼠的耳朵和尾巴的毛特别长，一般体形较小，食物主要是种子和果仁，适应树上生活，能用爪子和尾巴倒吊在树枝上。松鼠夏季全身红毛，秋天更换成黑灰色的冬毛，可爱乖巧，聪明灵动，十分讨人喜欢。松鼠具有成熟早、繁殖快的特点。

图 5-6　松鼠葡萄图

　　葡萄属落叶藤本植物，掌叶状，浆果多为圆形或椭圆形。葡萄是世界上最古老的植物之一，据古生物学家考证，距今 650 多万年前就已经有了葡萄。葡萄的用途很广，除生食外还可以制干、酿酒、制汁、酿醋、制罐头与果酱等。葡萄是十分常见的传统吉祥素材，多运用于刺绣、剪纸等民俗文化之中，寓意人丁兴旺或一本万利。

　　武汉长江大桥松鼠葡萄图的寓意是：多子多福，万代绵长。松鼠生育能力强，是"多子"动物；葡萄果实成串多粒，一颗种子，能结上万个果实，是"多籽"的植物。将引申意思一致的动植物进行搭配，着重强调其"多子"的功能。旧时，人们觉得种族繁衍就是一种至高无上的幸福，正所谓人多势众，吉祥绵延。

五、玉兔桂花图

玉兔桂花图(图 5-7)由桂花树和兔子构成。两只兔子依偎在桂花树下,一只注视前方,另一只回头凝望,桂花树从左侧伸向右方,花枝造型优美,构图疏密有致,桂花树美、花盛开,兔子动态栩栩如生、呼之欲出。

图 5-7 玉兔桂花图

桂花种类较多,最具代表性的有金桂、银桂和丹桂。桂花终年常绿,枝繁叶茂,叶对生,多呈椭圆或长椭圆形,花簇生,花冠分裂至基乳部,有乳白、黄、橙红等色,芳香四溢,秋季开花,可谓"独占三秋压群芳"。开化时采收桂花,阴干,拣去杂质,密闭贮藏备用。桂花可用于制糕点、糖果、化妆品,并可酿酒。兔子长耳,头部略像鼠,上嘴唇中间裂开，尾短而向上翘，后腿比前腿稍长，善于跳跃，跑得很快。兔肉可食，毛可以纺线、做毛笔，毛皮可以制衣物。兔子长得十分可爱，是艺术造型的好素材。

在我国传统名花中，桂花是食品配料中的"状元"。农历八月，是赏桂赏月的最佳时段，古称桂月。每年中秋月明，天清露冷，庭前屋后、公园绿地的桂花盛开，空气中浸润着甜甜的桂花香味。冷露、月色、花香，最能激发情思，给人以无穷的遐想。桂花和明月，自古就和我国人民的文化生活联系在一起。在中国神话中，玉兔是居住在月球上的兔子，又称月兔，是在月宫陪伴嫦娥并捣药的兔子。嫦娥奔月、吴刚伐桂等月宫神话，已成为脍炙人口的美谈。

武汉长江大桥玉兔桂花图，将两种与"月"有千丝万缕联系的动植物组合构图，赞美的是嫦娥和后羿为了乡亲们的幸福而牺牲自己的精神，表达了在花好月圆夜，天下有情人终成眷属的美好愿望。

第六章　武汉长江大桥植物装饰图案

我们的祖先执着地相信，草本植物的一枯一荣与人类有着密切的关系。原始社会时期，植物是人类赖以生存的源泉之一。果实、根茎可以充饥，树叶、植物纤维可以御寒。同时，有毒的果实和枝叶又危及人的生命，人类"昼拾橡栗，暮栖树上"(《庄子·盗跖》)的巢居食果的童年时代，正是人类生存繁衍与植物关系最为密切的时代。对植物或是崇拜或是敬畏的心态，渐渐积淀下来，形成了各种集体无意识的象征原型。

涵载着吉祥意蕴的植物种类很多，距今2500年前的《诗经》就记载了桃、兰、荷、瓜等100多种植物。武汉长江大桥铸铁护栏图案中，纯植物图案有9幅，其中以花卉作为图案造型素材的有6幅，以果实作为造型素材的有3幅，其中麦穗图既属果实，又是开启图案。这些图案运用植物之间的内在联系起兴，运用感性的类比思维方式象征，表现人们希冀祝福的心理意愿。利用这些植物的形态特征与吉祥观念之间的契合，以及它们身上的旺盛的生命力，在天人合一的思想体系中与人异质同构，显现出勃勃生机。

第一节　武汉长江大桥护栏之花卉图案

花卉是指具有观赏价值的草本植物和木本植物。花卉具有形态美、意境美、精神美和生态美的审美特征，色、香、姿、韵的审美意义。花卉图案具有丰富的再现性、灵活的表现性和鲜明的特征性，是美的象征。古今中外,人们爱用华美的辞藻来赞美它,将美好的情怀和遐思寄托于它。花卉图案可以单独使用,也可以组合使用,用来表达一定的意韵,当作一种装饰,传达一种喻意。武汉长江大桥护栏图案中,有6幅以纯花卉为题材的图案,特点是主题突出明朗,造型简洁大方,姿态传神优美。6幅图分别是杜鹃花图、兰花图、水仙花图、玉竹图、绣球花图和木棉花图。每幅图都表达了丰厚的文化底蕴,只有了解它的内涵,才能在欣赏中领悟创作者的深情雅意。

一、杜鹃花图

杜鹃花图(图6-1)由一枝杜鹃花构成。花枝从右下方向上斜生,上下各一朵绽放的杜鹃花,花的四周有绿叶陪衬,花叶富有层次感,形象主次分明,构图饱满、生动。

图6-1　杜鹃花图

杜鹃花又称"映山红",有"木本花卉之王"之美称,是世界四大名花之一,是我国十大传统名花之一,并居我国三大天然花卉之首。唐代诗人白居易有"花中此物似西施,芙蓉芍药皆嫫母"(《山石榴寄元九》),将杜鹃花称为花中西施,并讴歌其"回看桃李都无色,映得芙蓉不是花"(《山枇杷》),又有诗人称它能与"唯有牡丹真国色"(唐·刘禹锡《赏牡丹》)的牡丹媲美,可与"花中皇后"月季竞艳,力荐将其"封做百花王"。

杜鹃花在色、香、形、姿、韵等方面,具有无与伦比的观赏特性。杜鹃花花色繁多,色彩艳丽、五彩缤纷,叶形多变,叶姿与树姿多姿多彩,花韵奇特动人。花开时节万紫千红、缤纷灿烂、美不胜收,故有"山林美容师"之称。

杜鹃有食用价值和活血调经镇咳的效能,可治闭经、跌打损伤、风湿关节痛和痈肿疮疖等。相传古蜀国有一位皇帝叫杜宇,与皇后异常恩爱,后来他遭奸人所害,凄惨死去,灵魂就化作一只杜鹃鸟,每日在皇后的花园中啼鸣哀嚎。此鸟落下的泪珠变成一滴滴鲜血,染红了花园中美丽的花朵,后人称其为杜鹃花。皇后听到鸟的哀鸣,见到殷红鲜血,才明白这是丈夫灵魂所化。悲伤之下,日夜呼唤着"子归,子归",最后郁郁而逝,她的灵魂化为火红的杜鹃花开满山野,与那杜鹃鸟相栖相伴,所以,这杜鹃花又叫映山红。"蜀国曾闻子规鸟,宣城还见杜鹃花"(唐·李白《宣城见杜鹃花》),这鸟与花终身不弃的爱恋,成了人世间不朽的传奇。

传说的渲染,文人墨客的吟诵让杜鹃花融入人们的生活之中,成为具有中国文化的感情符号与久唱不衰的精神寄托。杜鹃花具有多种象征意义,在民间,杜鹃花象征繁荣兴旺和爱情,寓意吉祥如意、青春美貌,并形成了丰富的民俗文化;而近现代的仁人志士,则将杜鹃花看作蓬勃顽强精神的代名词,视其为中华民族不屈不挠的象征;盛开的杜鹃花预示着成功与希望,是一种革命之花、英雄之花。

二、兰花图

兰花图(图6-2)由兰花、装饰石构成。一枝兰花从右下角的装饰石后生出,叶片向四周散开,叶多而不乱,仰俯自如,姿态端秀,别具神韵。

图6-2 兰花图

兰花,单子叶植物,为多年生草本,又称胡姬花。由于大部分品种原产中国,故乡在绍兴,因此兰花又称中国兰,是中国四大花中君子——梅、兰、竹、菊之一,也是世界名花。兰花幽香清远,一枝在室,满屋飘香。兰花性平,味辛、甘、无毒,根、叶、花、果、种子均有一定的药用价值,可滋养阴液、生津润燥、清热凉血、养阴润肺、顺气和血、利湿消肿。花可食用,花香可熏茶。

郑板桥喜欢画盆兰，也常画峤壁兰、棘刺丛兰。板桥兰画中数量最多，最耐人玩味的是兰竹石图。他在兰竹画中常添石，认为"一竹一兰一石，有节有香有骨"。空谷深幽，寂静无人，月斜露重，水汽氤氲，绿叶如簇，紫茎浅垂，玉瓣玲珑，幽香袭人——这是大部分诗歌中典型的兰花形象，也是人们在心目中为兰花描画的唯美倩影，幽静清雅，气质脱俗。

兰花意象有着多元的内涵。"以兰"象征吉祥，"梦兰"象征瑞兆，兰花，可作爱情的信物。兰喻君子，君子效兰。孔子在《孔子家语》中说："芝兰生于深谷，不以无人而不芳；君子修道立德，不为困穷而改节。"把兰花与君子类比，同时君子也要效仿兰花。孔子还说："气若兰兮长不改，心若兰兮终不移。"即君子要以兰花为修身立德的榜样。兰花为高洁文人的化身。屈原在《九歌》中写到："绿叶兮素枝，芳菲菲兮袭余。秋兰兮青青，绿叶兮紫茎。"北宋文学家苏轼这样咏兰："春兰如美人，不采羞自献。时闻风露香，蓬艾深不见。……"把春兰直接比喻为美人。走在大桥之上，凝望兰花图仿佛也闻到阵阵花香扑面而来，一股清风拂过让人遐想连篇。

三、水仙花图

水仙花图（图 6-3）由水仙花构成。两株水仙自下向上而生，八朵水仙花自如绽放，有全开的、有半开的，花叶自由伸展，形成一幅美妙的图画。

水仙属石蒜科，是多年生草本花卉，多水养。其叶挺直秀美，苍翠欲滴；茎硕大肥实，别具奇趣；根丛生鳞茎底部，洁白如银，纤尘不染，清风徐来，盆内荡起微波，条条根须似银鱼戏水。其叶，碧绿葱翠传神；其花，有如金盏银台，高雅，婀娜多姿，清秀美丽，洁白可爱，清香馥郁，故水仙花有"凌波仙子"的雅号。若配以山石、小桥等装饰，更加雅趣横生。水仙为中国传统名花之一，其花和根都有一定的药用价值。花、叶有小毒：苦、辛、寒，可清热解毒、散结消肿，外用可捣敷

第六章　武汉长江大桥植物装饰图案

图 6-3　水仙花图

或捣汁涂于患处。

　　相传，凌波仙子在银河边磨宝镜时，看到龙海的南乡（今九湖乡）旱情严重，五谷欠收，一片荒凉的景象触动了善良仙子的心，她抛下手中的宝镜，南乡顿时清泉四涌，成了九湖，流水潺潺灌入田园，九湖镇花果茂盛，稻熟荔红。凌波仙子飘然来到湖中游览，爱上了诚恳、勤劳、勇敢的石匠龙哥，两人以珠定情，喜结姻缘。凌波仙子掌管水源，九湖年年风调雨顺，湖畔五谷丰登，九湖湖畔成了人间仙境。不想，王母娘娘听信谗言，调遣了天兵天将前来处罚凌波仙子和龙哥。被抓回天庭的凌波仙子眼望被毁的家园和压在圆山下面的龙哥，她忍痛拔下银簪，竭尽全力投往遭受苦难的南乡。银簪落在圆山脚下清泉旁，化作朵朵亭亭玉立、幽香沁人的水仙花。

　　水仙是我国古老而名贵的冬季室内观赏花卉，每逢岁序更新，万户迎春之时开花，故有"一盆水仙满堂春，冰肌玉骨送清香"之誉。那亭亭玉立的秀姿、雪白晶莹的花朵、沁人心脾的芳香，被人们视为辞旧迎新、吉祥如意的象征。春节期间在厅堂、寝室的案几上，供上一盆含苞欲放的水仙花，可让居室春意盎然。宋代理学家朱熹云："隆冬雕百卉，红梅历孤芳；如何蓬艾底，亦有春风香。"又云："水中仙子来何处，翠袖黄冠白玉英。"盛赞水仙花有红梅一样的高洁品格和亭亭玉立的美丽形态。清代扬州名画家汪士慎在《水仙图》题句："仙姿疑是洛妃魂，月佩风襟曳浪痕。几度浅描难见取，挥毫应让赵王孙。"宋代诗人黄庭坚有"凌波仙子生尘袜，水上盈盈步微月"之句，贴切如斯。汉高祖刘邦有诗云："得水能仙天与奇，寒香寂寞动冰肌，仙风道骨今谁有？淡扫峨眉簪一枝。"把水仙刚劲轩昂、不畏寒霜，清新淡雅、飘逸潇洒的神态，描绘得淋漓尽致。水仙的意象是明丽、希望和欢乐的象征。

四、玉竹图

玉竹图（图6-4）由玉兰花和竹子构成。玉兰花树枝遒劲，花儿竞相开放，几枝竹节从右下侧伸出，与玉兰枝叶相连，错落有致。玉兰树枝粗壮，竹子纤细，两者对比，玉兰花清香，竹叶清新，彼此呼应，构成一幅美妙图案。

白玉兰是木兰科落叶乔木，枝条稀疏而粗壮，很有风致，一枝一朵花，都着在枝梢，芽肥大，隆冬结蕾，花九瓣，洁白如玉，仿佛枝头上竖着千百只酒杯。花有微香，宛如兰花。花落以后，叶才从蒂中抽出。白玉兰是名贵的庭院观花树种，多植堂前，或点缀中庭。竹子，四季常青，挺拔秀丽，色彩缤纷，千姿百态。竹子吸水量大，房前屋后种竹，不仅可美化环境，而且在夏季可营造阴凉。苏东坡说："宁可食无肉，不可居无竹。"这说明竹子与人们的生活关系非常密切。

玉兰花花瓣质厚而清香，可裹面油煎食用，又可糖渍，香甜可口，种子可榨油，树皮可入药，有镇定、化浊、补脾的作用，玉兰花具有暖胃、清心、润肤、养颜等功效，木材可供制小器具或雕刻用。竹除可观

图 6-4 玉竹图

赏外,还是优良的建筑材料,竹笋是美食,可制成笋干或罐头等。

玉兰花的传说很美:很久以前,在一深山里住着三个姐妹,大姐叫红玉兰,二姐叫白玉兰,三姐叫黄玉兰。有一天她们发现村子里冷冷清清,一片死寂,问讯后得知,原来龙虾公主被杀,惹得龙王大怒,于是锁了盐库,导致瘟疫发生。三姐妹决定帮大家讨盐,她们用自制的花香迷倒了守卫蟹将军,趁机将盐仓凿穿,把所有的盐都浸入海水中,村里的人得救了,三姐妹却被龙王变成花树。人们为了纪念她们,就将那种花树称作"玉兰花"。

玉兰经常在一片绿意盎然中开出大轮的白色花朵,那芳郁的香味令人感受到一股难以言喻的气质,委实清新可人。玉兰树高大,开花位置较高,迎风摇曳,神采奕奕,宛若天女散花,非常可爱。民间传统的宅院配植中讲究"玉棠春富贵",其意为吉祥如意、富有和权势。所谓玉即玉兰，棠即海棠，春即迎春，富为牡丹，贵乃桂花。玉兰盛开之际有"莹洁清丽，恍疑冰雪"之赞。如配植于纪念性建筑物之前，给人以"玉洁冰清"之感，象征着品格的高尚和脱却世俗之意。如从植于草坪或针叶树丛之前，则能形成春光明媚的美景，给人以青春、喜悦和充满生气的感染力。玉兰还可用于室内瓶插观赏。玉兰花还是忠贞不渝爱情的信物。每逢喜庆吉日，人们常以玉兰花馈赠，成了表露爱意的使者。

竹彰显气节，虽不粗壮，但却正直，坚韧挺拔；不惧严寒酷暑，万古长青。竹是君子的化身，乃"四君子"中的一分子。竹、梅和松是"岁寒三友"，象征坚忍不拔。竹还是高雅、纯洁、虚心、有节的象征。居而有竹，则幽篁拂窗，清气满院；竹影婆娑，姿态入画，碧叶经冬不凋，清秀而又潇洒。古往今来，"不可一日无此君"已成了众多文人雅士的偏好。

武汉长江大桥玉竹图代表生机盎然、蓬勃向上、乐于奉献的精神。

五、木棉花图

木棉花图（图 6-5）由木棉花树构成。两根木棉花枝从右中向上中下伸展，四朵花分布整个画面，两朵向上开放，两朵向下开放，枝叶相衬其中，树枝直溜，树叶舒展，画面丰满，错落有致。木棉花树属热带树种，系落叶大乔木。花分五瓣，拥有强劲的曲线，收束于紧实的花托，花朵硕大，阳春季节自树顶端向下蔓延。木棉的花蕊是很好的织物材料。古书记载"木棉树高二三丈，切类桐木，二三月花既谢，芯为绵。彼人织之为毯，洁白如雪，温暖无比。"其木质松软，可制作包装箱板、火柴梗、木舟、桶盆等，还是造纸的原料。木棉根、茎抽的提取物可用做收敛剂、镇痛剂等，汁液可治疗痢疾，它的根皮、茎皮和刺磨成粉制成药膏后，可治粉刺。木棉花晒干后，可泡茶、煲汤、入药。

木棉花有珍惜、坚毅、傲骨之意，寓意对未来发展充满信心，前途灿烂。宋朝刘克庄、苏轼、杨万里各有诗句咏之："几树半天红似染，居人云是木棉花。""记取城南上巳日，木棉花落刺桐开。""姚黄魏紫向

图 6-5　木棉花图

谁赊，郁李樱桃也没些。却是南中春色别，满城都是木棉花。"清代屈大均云："十丈珊瑚是木棉，花开红比朝霞鲜。天南树树皆烽火，不及攀枝花可怜！参天古干争盘拿，花时无叶何纷葩！白缀枝枝蝴蝶茧，红烧朵朵芙蓉砂。"这些诗句形象地表现了木棉花开时的壮丽景象。

木棉树属于速生、强阳性树种，树冠总是高出周围的树群，以争阳光雨露。木棉这种奋发向上的精神及鲜艳似火的大红花，被人誉之为英雄树、英雄花。最早称木棉为"英雄"的是清人陈恭尹，他在《木棉花歌》中形容木棉花"浓须大面好英雄，壮气高冠何落落"。

武汉长江大桥木棉花图的意象特征为朝气蓬勃，前程似锦。

六、绣球花图

绣球花图(图 6-6)是由绣球花构成。3 朵硕大的绣球花布满画面，几片绿叶衬托于下，相互补充，主题突出，主次分明，和谐美好。绣球花又名八仙花，落叶灌木，是一种常见的庭院花卉，其伞形花序如雪球累累，簇拥在椭圆形的绿叶中。绣球花由百花成朵，团扶如球。既可入药，也可切花、盆栽、庭院露地栽培。

图 6-6　绣球花图

绣球花，一向以在严冬开花的常绿树而闻名于世。寒冬时，乍见粉红色的花蕾和白色的花朵，似乎在告诉人们春天的脚步近了，因此绣球花就成了希望的象征。绣球花团圆成球状，寓意对爱情的忠贞与两情相悦的永恒，象征着与亲人情意绵绵，无论分开多久，都会重新相聚在一起。

武汉长江大桥绣球花图的寓意是团结共荣，希望永存。

第二节　武汉长江大桥护栏之果实图案

果实是植物体的一部分，很多果实的色彩鲜艳、形状优美，可供观赏和食用。同时也是艺术家进行艺术创作的素材之一。武汉长江大桥植物图案中，有3幅为果实图案，以夸张变形的手法造型，突出表现果实的特征，构图新颖，寓意美好，是民间美术造型中的典型图案。

一、榴开百子图

榴开百子图(图6-7)由石榴果构成。一个硕大的石榴在细长绿叶的衬托下，立于画面中间。侧剖的石榴露出晶莹剔透、颗粒饱满的石榴籽。构图突出石榴多籽的特征，富有创意。

图6-7　榴开百子图

石榴是一种珍奇的浆果,其果实色彩绚丽,籽粒晶莹,甘美多汁,清凉爽口,营养价值高。石榴树是落叶灌木,树姿优美,花期长达数月,每年五、六月间繁花怒放,灿若云霞,花红似火。叶呈倒卵形,石榴花果并丽,可谓集食用与观赏于一体。果皮及根皮有收敛止泻、杀虫的作用;也可作黑色染料;叶炒后可代茶叶。

唐代大诗人杜牧在《山石榴》中写道:"一朵佳人玉钗上,只疑烧却翠云鬟。"诗人虽没有直接写石榴花为红色,见丽人发簪榴花,却担心红艳似火的榴花会不会烧坏少女的翠簪和秀发,真谓赞美石榴花的神来之笔。传说石榴花的花神是唐代赐福镇宅的钟馗,因此民间所绘的钟馗画像,耳边都插着一朵艳红的石榴花。选择火样性格的钟馗来做石榴花神,它虽是古人的诗意想象,却也很恰当。

石榴具有多子多孙、吉庆和睦的佳兆。相传齐国安德王刚过16岁,文宣帝便忙着为他娶媳妇,女子是皇后李氏娘家的一个侄女。文宣帝前去李家相亲时,酒过三巡,新娘李妃的母亲端了一个装有两只大石榴的果盘,恭恭敬敬地跪献到皇帝的案上。皇帝拿起石榴,反复观看,不知何意。随行的太子老师解释说,石榴丰硕多子,而且包埋房中。王妃的母亲荐献石榴,是期望他多子多孙,金枝繁盛。皇帝听后大喜。从此以后,订婚下聘或迎娶送嫁时互赠石榴的风俗就在民间广泛流传,并绘入吉祥图案。民间常以石榴为素材剪纸贴在花窗上,常见的"榴开百子"图,是"连着枝叶、切开一角、露出累累果实的石榴"的图案。

石榴多子,往往被用来喻意母亲。六朝时,潘岳《石榴赋》中:"若榴者,天下之奇树,五洲之名果,千房同膜,千子如一,御饥疗渴,解醒止醉。"描述了石榴的三个功用:御饥疗渴、繁衍子孙、解醒止醉。表明"石榴树"是一棵生命之树,体现了母亲供养、生殖、多育的特征。

武汉长江大桥榴开百子图具有重要的文化价值。其一,石榴富于观赏价值,代表着美好事物和对一种精神世界的追求;其二,石榴的文化价值赋予的人性上的魅力,与民间文化的博大精深息息相关,寓意子孙昌盛、吉庆祥和。

二、枇杷果图

枇杷果图(图6-8)由枇杷果树构成。粗壮的枇杷枝从左下侧向右上伸出,上下各5个圆溜溜的枇杷果,大大的枇杷叶衬托在果下,构图疏密有致,对比鲜明。

图6-8 枇杷果图

枇杷属蔷薇科,常绿小乔木,果实近球形,因树叶形似琵琶而得名。枇杷树生长迅速,树形美观,绿叶茂盛,许多地方作为园艺观赏植物,叶和果实入药。中医认为,枇杷有祛痰止咳、生津润肺、清热健胃之功效,花为极好的蜜源植物,种子可酿酒及提炼酒精;木材质坚韧,可用来制作木梳、木棒等。

"枇杷仙子"是传说中的"七仙女"中最乖巧、最漂亮的一个,因其喜欢枇杷,又为人间带来了枇杷种子,使人类能分享到这一色黄、味甜可口的仙果,因而,人们称其为"枇杷仙子"。枇杷冬月作花,夏月结果,谓之"未结黄金果,先开白玉花",故古人认为枇杷"秋荫、冬花、春实、夏热,备四时之气,他物无以类者"。枇杷成熟之时,满山金黄,杜甫的"杨柳枝枝弱,枇杷树树香",活灵活现地点染出江南枇杷成熟时的美景。枇杷也是画家笔下的好题材,从古代的宋徽宗到近现代的吴昌硕、齐白石,以及不少民间艺人都有枇杷画作传世。

武汉长江大桥枇杷果图不仅表现了自然瓜果的优美姿态,而且反映了人文瓜果丰富的文化内涵:十个枇杷代表金钱、富足和十全十美之意,而圆形枇杷造型则表示圆圆满满,整幅图画具有十全十美、圆圆满满的寓意。

三、麦穗图

麦穗图(图6-9)是大桥护栏的开启图案,位于引桥尾和正桥头,就好像中医的药引子一样,起承启连接作用。图案采用回字纹敞口装饰花边簇拥着由机械齿轮扎起的大束麦穗,麦粒饱满、排列整齐、构图均衡、布局合理。在艺术设计上用收割的机械齿轮将麦穗捆扎成束,用抽象形作半包围框,组成动静结合、抽象具象对比的艺术效果,这是表面形式美感的要求。其次,大桥建在中华人民共和国成立之初,当时我国仍然是以农业为主的国家,大力发展农业生产是关键,麦穗图案主题鲜明,符合当时的政治经济需要。最为重要的是麦穗图有世界文化内涵和中国吉祥寓意。

"麦穗理论"来源于这样一个故事。古希腊哲学大师苏格拉底的三个弟子曾求教老师,怎样才能找到理想的伴侣。苏格拉底没有直接回答,却让他们走麦田埂,只许前进,且仅给一次机会选摘一支最大的麦穗。第一个弟子走几步看见一支又大又漂亮的麦穗,高兴地摘下了。但是他继续前进时,发现前面有许多比他摘的那支大,只得遗憾地走完了

图 6-9 麦穗图

全程。第二个弟子吸取了教训,每当他要摘时,总是提醒自己,后面还有更好的。当他快到终点时才发现,机会全错过了。第三个弟子吸取了前两位的教训,当他走到三分之一时,即分出大、中、小三类,再走三分之一验证是否正确,等到最后三分之一时,他选择了属于他的一支美丽的麦穗。虽说,这不一定是最大最美的那一支,但他满意地走完了全程。这个哲理故事启发我们在决策中如何做正确判断:无论是选择爱情、事业、婚姻、朋友,最优结果只可能在理论上存在。不把追求最佳作为最大目标,而是设法避免挑到最差。这种规避风险的观念,对我们在作人生选择时非常有用。麦穗理论表达了人们追求幸福快乐、向往和谐美好的情感愿望。

唐朝张谓《别睢阳故人》诗:"夏雨桑条绿,秋风麦穗黄。"这首诗描写了麦子成熟时,麦穗沉甸甸地低着头,金灿灿一片的壮观景象。金黄色是封建时代帝王之色，象征权力和金钱，是大吉大利的色彩。成语"麦穗两岐"是指一根麦长两个穗。比喻年成好，粮食丰收。

　　麦穗图从造型上讲极具美感，从色彩上看黄色在古时是黄家色彩，显得高贵、权威，是吉祥喜庆的颜色，从认知范围上讲，不仅是中国的而且是世界的知名图典，给人以智慧的启迪和理性的思考，具有非同凡响的号召和影响力，作为武汉长江大桥的开启图案既起到装饰的作用，又有发展农业居首，智慧、丰收、光荣，国富民强的寓意。作为开启图案名副其实，恰到好处。

　　武汉长江大桥的开启图案麦穗图除了具有装饰作用和吉祥寓意之外，也有开启装饰之门、引领和指导欣赏者进入正桥之意。

第七章　武汉长江大桥草虫装饰图案

草虫画是中国画花鸟门类中的一种。纵观中国画里的草虫形象演变，可以把中国画里的草虫构图变化归为三类：第一类，属于点景之作。草虫形象在画中起着丰富完善画面的作用，并不着重描画。这种情况很常见，既在花鸟画中出现过，又在人物画中出现过。如：陈洪绶的《扑蝶仕女图》、清代胡湄的《鹦鹉戏蝶图》等。第二类，草虫在画中占据主导地位。画里的草虫不可或缺，例如坚白子的《草虫图》、高其佩的《水中八事图》等。第三类，最常见的草虫画构图，画中草虫与花鸟情景交融，草虫花鸟必不可少，最典型的代表作就是宋代的扇面小品。武汉长江大桥护栏图案中，有10幅图案是借鉴中国画草虫题材，是国画表现形式的丰富、扩展和更新，集中体现了中国人与作为审美客体的自然生物的审美关系，具有较强的抒情性，体现时代精神，间接反映了人们的社会生活，在世界各民族同类题材的艺术品中，具有十分鲜明的特点。

第一节　武汉长江大桥护栏之藤蔓草虫图案

民间美术作品中藤蔓草虫图案很常见。蔓生植物的枝茎，木本称"藤"，有白藤、紫藤等多种；草本称"蔓"，如葛蔓、萝蔓等。这一植物的共同点为茎细长，不能直立，但均具有借助自身的作用或特殊结构攀附他物向上伸展的习性。因为生长速度快，生命力旺盛，果实累累，且又容易再生，民间常比喻生生不息，子孙绵延。这种藤蔓植物再配上蝈蝈、蟋蟀等昆虫一起构图，生动活泼，动静交替，既表现了田园情趣，又有寄予儿孙满堂的吉祥寓意。

武汉长江大桥装饰护栏中有万代绵长图、万年长青图、瓜瓞绵绵图和牵牛花儿图四幅藤蔓草虫图案。

一、万代绵长图

万代绵长图（图7-1）由葫芦和蝈蝈构成。葫芦藤蔓在竹竿上蜿蜒缠绕布满整个画面，藤条、藤叶茂盛，两个大葫芦悬挂在正中，一只蝈蝈嬉戏其间，姿态可掬，构图错落有致，动静合宜。

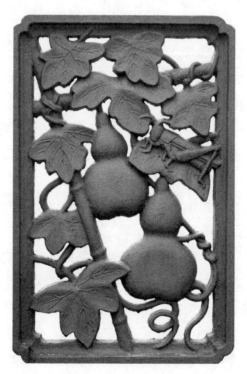

图 7-1 万代绵长图

葫芦是草质藤本攀爬植物，叶片心状卵形，果实光滑，初绿色，后变白色或黄色,中间缢细,下部大于上部,其果实也被称为葫芦。蝈蝈全身鲜绿或黄绿色,头大、颜面近平直,触角褐色丝状,长度超过身体,复眼椭圆形。

葫芦在中国古籍中最早称瓠、匏和壶,这三个字都可以在《诗经》中找到。葫芦是由圆构成的,围绕葫芦形成的葫芦文化无疑是构成中国传统文化的一个重要组成部分。① 人们常把葫芦挂在门口用来避邪、招宝。上自年迈老翁,下至幼稚孩童,见之无不喜爱。葫芦是中华吉祥文化的代表和象征。

"绵绵瓜瓞,民之初生。"在我国,有关"葫芦生人"和"人从葫芦出"的传说非常丰厚,傣族的传说就是一例。其大意为:夫妻俩在地里种了一粒葫芦种子。他们辛勤地浇水,一年以后,葫芦藤上结出一个小葫芦。后来葫芦长得很大很大,他俩用刀轻轻地开了一个小口,葫芦里面的人就从这个口子里冲出来,向四处飞跑。这则传说赋予了葫芦生育人种或保留人种的神圣意义。

从植物学的观点来看,瓜与葫芦为同族。《诗经·豳风·七月》载:"七月食瓜,八月断壶,九月叔苴。"葫芦也称瓜。送瓜求子是我国民俗活动的重要事项,求子习俗作为一种生育信仰,渗透并表现在岁时习俗、人生礼仪、交际娱乐、器物配饰以及衣食住行等方面。凡娶妇而数年不育者,则亲友必有送瓜之举,瓜也为女子生殖器的象征。葫芦体的特征有三:其一,葫芦体内中空,把葫芦籽掏出,为盛器;其二,葫芦为圆形;其三,葫芦多籽。葫芦为古代最早的盛器,葫芦的包容功能,使古人联想到子宫的孕育功能,这样葫芦就与女性自然地联系在一起,认为生儿育女是女性特有的本领,因而从崇拜生育发展到崇拜独具生育本领的女性,葫芦成为母体的象征。武汉长江大桥万代绵长图的吉祥寓意为:多子多福,子孙万代,生生不息。

---

① 刘岳. 蛩声清响匏瓠间——鸣虫文化与蓄虫葫芦工艺[J]. 紫禁城,2005(1):90-101.

二、万年长青图

万年长青图(图 7-2)由常春藤和蜻蜓构成。一根竹竿从左侧斜伸，支撑浓绿的常春藤藤蔓延伸至整个画面，三个大的果实悬吊在正中，一只可爱的小蜻蜓从右上角向中心飞来，常春藤叶、果、藤形象生动，形态富于变化，果、叶上的小昆虫起到了极好的点缀作用，给人呈现的是一幅观赏性很强的田园风景。

图 7-2 万年长青图

常春藤，常绿木质藤本植物，耐寒力较强，叶色浓绿，色彩鲜艳清晰，秋季开花，伞形花序，花小，白绿色，微香，果实球形，次年成熟，橙色；蜻蜓常见于淡水生境附近，复眼突出，眼睛又大又鼓，占据着头的绝大部分，是世界上眼睛最大的昆虫，视力极好，没长羽毛，两对等长的、薄薄的、窄而透明的翅膀足以与血肉之躯的小鸟平分天下，它的体形更与人类创造的飞机十分相似，胸部斜列，腹部细长，是我们熟知的昆虫。宋代杨万里以蜻蜓为题的诗词《小池》："泉眼无声惜细流，树荫照水爱晴柔。小荷才露尖尖角，早有蜻蜓立上头。"近现代杰出的美术家朱宣咸以此创作了中国画作品《小荷才露尖尖角》，非常生动形象地反映了蜻蜓、自然与人构成的一组诗情画意的景象。常春藤生长速度快，攀缘能力强，枝蔓茂密青翠，姿态优雅，蜻蜓体态轻盈优雅。武汉长江大桥护栏中由二者组合而成的万年长青图，既产生视觉美感，又富有吉祥寓意：生机勃勃，欣欣向荣。

三、瓜瓞绵绵图

瓜瓞绵绵图（图7-3）由丝瓜和蟋蟀构成。十字交叉的两根竹竿上爬满了丝瓜藤蔓，丝瓜叶长得青绿繁茂，丝瓜花苞和已开放的黄花争相比美，两条长长的丝瓜垂立于正中，黄色的花儿还未从丝瓜尖上谢去，一只蟋蟀在花上嬉戏。写实的瓜果、花草和蟋蟀一起构图，蟋蟀动态细腻、出神入化，花草活灵活现，令人赏心悦目。

丝瓜，为葫芦科植物。茎蔓性，五棱、绿色，雌雄异花同株，花冠黄色。蟋蟀是螽斯科中的大型鸣虫短翅鸣螽，全身鲜绿或黄绿色，后足发达，善跳跃，叫声响。丝瓜叶通常是会收展的，透过瓜叶的舒张程度，你可以判断多久没有下雨了，是不是面临干旱，从其叶面的青黄，可以判断季节的转换，瓜叶纹络清晰可见；丝瓜的藤蔓很多也很长，紧紧地缠绕着攀附物，有些藤蔓竟然可在其上缠绕数十圈之多；丝瓜花并不香，但花终归是美的。含苞的花蕴藏一条丝瓜，荡秋千似地随风摇摆，承接着生命的延续，特别是能够招来蝴蝶与蜜蜂等小玩家，闲看嬉戏，演绎着自然界的和谐之美。

人与丝瓜有些类似，瓜叶像人的五官，能够灵敏地感知周围世界，并做出相应的本能反应。丝瓜藤（攀缘植物抓手）喻意为人活着必须拥有的品行（孝、忠、仁、义），只有拥有这些"抓手"，人才能称其为人，

图 7-3　瓜瓞绵绵图

也只有拥有这些"抓手",人才能成其事,由做人与做事演绎出的人生之花才是最美的!丝瓜藤蔓缠绕,寓意天长地久、象征硕果、象征丰收的喜悦。

四、牵牛花儿图

牵牛花儿图(图 7-4)由牵牛花和蜗牛构成。牵牛花的藤、叶、枝、蔓将整个画面布满,牵牛花尽情地开放着,绿叶在能对花和蕾起着衬托和保护作用的同时,又可展现自身的美韵。牵牛花藤条上的两只小蜗牛倔强地向上爬行,图案富有节奏感和韵律美。

牵牛花,又名朝颜花,为旋花科牵牛属。牵牛花属一年生缠绕匍匐草本野生植物,根茎横生,茎蔓状,多自基部缠绕或匍匐分枝,叶互生具长柄,上部叶片为三角状戟形,花单生于叶腋,花冠喇叭形,花色鲜

图 7-4 牵牛花儿图

艳美丽。牵牛花的根状茎富含淀粉，可供食用，也可酿酒、制饴糖，全株均可做猪、羊、兔等动物的饲料。

蜗牛是陆生贝壳类软体动物，身背螺旋形的贝壳。蜗牛是一种食用、药用和保健价值都很高的陆生类软体动物，种类很多，遍布全球。

牵牛花是一种相当勤劳的花，俗名"勤娘子"。每当鸡叫头遍、四周还是晓露未晞之时，蓝紫红粉白五色小喇叭就已打开，做好迎接黎明的准备了。夏日清晨尽情展示着"美丽的使者"的姿态。宋朝陈宗远赞牵牛花，诗云："绿蔓如藤不用栽，淡青花绕竹篱开。披衣向晓还堪爱，忽见蜻蜓带露来。"在那些不起眼的角落里，牵牛花在人们梦醒时分中汲露而开，见到她的花容，定是清水般的模样，让人产生诗意般的美。牵牛花生性强健，在暑热短暂的凉爽晨风中，面朝太阳绽放，象征着勤劳、睿智。蜗牛有着背负重重的壳一步步向上爬的坚韧精神，象征勇敢和顽强。牵牛花儿图寓意顽强的生命力，以及积极主动、蒸蒸日上的奋斗精神。

第二节　武汉长江大桥护栏之花草鱼虫图案

花草鱼虫是民间艺术表现的重要题材，常见的有荷花、菊花、百合花、芦苇、水草、鲤鱼、螃蟹、青蛙、蜜蜂、蝉等。它们的搭配很多都是约定俗成的组合，配在一起除造型美观、别开生面外，还富有不同的意义。吉祥图案中的"瑞草"或曰"青绿瑞草""芝草""茱萸""莲花"等。吉祥图案多以比喻或曰"比德"为其表现手法，或取花草不畏严寒、傲雪凌霜，或取花草"出淤泥而不染"，或取花草"亭亭玉立"等品状，来比喻人的人格美和风范美等。有的是民间传说，有的是成语典故，不需要用更多的描述，一般都会明白其吉祥意义。

一、连年有余图

连年有余图（图7-5）由鲤鱼和莲花构成。鲤鱼游动在池塘正中，鱼尾摆动着，荡起层层涟漪，两朵荷花在鲤鱼的上下方绽放，一个花苞紧邻右边，荷叶和莲蓬在图的上方，花、叶、果构成莲花家庭的大团圆，布满画面，构成一幅约定俗成、传诵已久的吉祥图案。

莲花，多年生水生植物。根茎肥大多节，横生于水底泥中。叶盾状圆形，表面深绿色，全缘并呈波状。叶柄圆柱形，密生倒刺。鲤鱼属于底栖杂食性鱼类，荤素兼食，繁殖能力强。

唐代诗人李商隐在其《寄令狐郎中》赞咏："嵩云秦树久离居，双鲤迢迢一纸书。"相传，更早的时候，人们以绢帛写信，把信装在真鲤鱼腹内传给对方，故称"鱼笺"。汉代蔡邕作有一首乐府诗描写这样的信件："客从远方来，遗我双鲤鱼。呼儿烹鲤鱼，中有尺素书。"因此又有"鱼素"的美称，并形成"鱼传尺素"的文学典故。

连年有余：莲花、鱼儿合成一图。"莲"音同"连"，"鱼"与"余"谐音，古人视鱼为富余、吉庆、幸运的象征，莲是最常用来作为宗教和哲

图 7-5　连年有余图

学象征的植物,是花中君子,二者组合在一起,寓意丰收,寓意每年都有多余的财富及食粮,生活丰裕,是中国传统吉祥祈福最具代表的语言之一。

二、菊香蟹肥图

菊香蟹肥图(图 7-6)由菊花和螃蟹构成。几枝秋菊灿烂地开放着,有未开的花苞、半开的花朵和全开的鲜花,叶儿悄悄地躲藏在角落,一只肥硕的螃蟹张开 10 只脚,大钳铗相对,好似跳舞一般。动态的螃蟹和静态的菊花相得益彰,构成一幅秋收图。

菊花是名贵的观赏花卉,花瓣呈舌状或筒状,叶掌状对生,是多年生菊科草本植物。菊花在秋冬季开花,不仅能供观赏,用来布置园林、美化环境,而且可酿、可饮、可药。螃蟹是甲壳类动物,十足、横向爬

图 7-6 菊香蟹肥图

行,螃蟹具有很高的食用价值。

吃蟹作为一种闲情逸致的文化享受,是从魏晋时期开始的。宋代方岳有诗云:"草卧夕阳牛犊健,菊留秋色蟹螯肥。"《红楼梦》"螃蟹宴":吃蟹、赏菊、弄水看鱼、赋菊花诗、讽螃蟹咏,各呈才藻,佳作迭见,好戏连台。金风送爽,持蟹赏菊,何乐而不为?人们把吃蟹、饮酒、赏菊、赋诗,作为金秋时节的风雅趣事,逐渐形成一种饮食文化。

菊花历来被视为高风亮节、高雅傲霜的象征,代表着名士的斯文与友情。菊花不畏寒霜的傲骨气节,正是中华民族不屈不挠精神的体现。螃蟹,金秋十月成熟,蟹肉味鲜美,营养丰富。菊香蟹肥图,寓意丰收、喜庆、吉祥。

三、青蛙戏莲图

青蛙戏莲图(图7-7)由芦苇、睡莲、水波和青蛙构成。一只青蛙坐在荷叶上注视着水面,另一只青蛙正从岸边跳入池塘。塘边芦苇摇曳,睡莲浮在水面,小花绽放,青蛙入塘,波纹起伏,好一幅夏季水塘生态美景图!

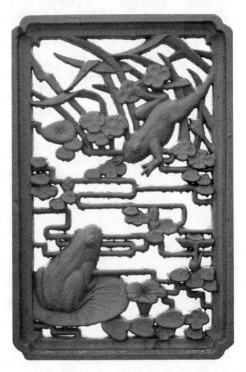

图7-7 青蛙戏莲图

睡莲是多年生水生花卉中的名贵花卉,外形与荷花相似,不同的是,荷花和荷叶在水面上亭亭玉立,而睡莲的叶子和花则浮在水面上。夏日开花,花姿楚楚可人,根状茎,粗短。睡莲是一种花叶并赏的水面绿化材料,花朵精致芳香,睡莲因昼舒夜卷,而被誉为"花中睡美人"。青蛙是两栖类动物,能捕食大量田间害虫,又是体育运动健将,有最标准的蛙泳姿势；青蛙能跳远，可跳出它体长的20倍距离，还是集食品、保健品、药品于一身的药用动物。

青蛙戏莲图是传统的吉祥图案，寓意祥和、美满和幸福。相传睡莲是山林沼泽中的女神，即"水中的女神"，美丽的睡莲代表洁净、纯真和妖艳。青蛙鼓鼓的腮帮子，寓意福气满满，荷包满满。蛙在母系氏族社会生活中是一种神圣的动物，具有特殊的地位。古代将蛙(蟾蜍)作为女性子宫(肚子)的象征，蛙纹体现的则是对女性怀胎子宫的崇拜，这是人类生殖崇拜母体发展进程中的一个写照，也反映了原始社会先民对女性生育功能和繁殖过程认识的深化，青蛙也是多子的动物，象征多子多福。青蛙(蟾蜍)是古代有些少数民族的图腾，如纳西族古时崇拜青蛙，东巴经典称它为黄金大蛙，壮族以青蛙作为图腾。传说中青蛙是雷神之子，是行云布雨的使者，人们认为祭祀蛙神可求得风调雨顺。

四、兰花蜜蜂图

兰花蜜蜂图(图7-8)由蜜蜂、兰花构成。"手培兰蕊两三栽，日暖风和次第开。坐久不知香在室，推窗时有蜜蜂来。"生动形象地描述了这幅兰花蜜蜂图的构图特征。观花一时，赏叶终年。兰花不但花美、花香，叶形也有其特性，花苞也富有特色，一只勤劳的蜜蜂正在兰花上聚精会神地采花蜜。

兰花属兰科，是单子叶植物，为多年生草本，是以香著称的中国传统名花。兰花的芳香成分之一芳香油，可解郁消闷、提神醒脑，使人心旷神怡。兰花香气清冽、醇正，用来熏茶，品质最高。蜜蜂白天采花、晚上酿蜜，又为果树传粉，是农作物授粉的重要媒介。

兰花蜜蜂图寓意高洁淡泊、勤劳贤德。孔子《孔子家语·在厄》云："芝兰生于深林，不以无人不芳；君子修道立德，不为穷困而改节。"兰为百花之英，给人留下了极为高雅的形象，被喻为花中君子。蜜蜂纷纷穿飞花间，终生不得半日闲。勤劳的蜜蜂和美丽的兰花一起构图，表达了人们追求内在美和外在美的愿望。

图 7-8　兰花蜜蜂图

五、百年好合图

百年好合图(图 7-9)由百合花和蚱蜢构成。四朵百合花竞相开放,幽香阵阵袭来,一只蚱蜢蹬上花枝,似在闻花香,又像在寻食,画面主次分明,线条流畅,布局合理,构成一幅和谐美好的花卉昆虫图。

蚱蜢是蚱蜢亚科昆虫的统称,全身鲜绿或黄绿色,后足发达,善于跳跃,跳跃时不需要助跑就能跳过相当于自己身长 15～20 倍的距离。百合属多年生鳞茎植物,其鳞茎由二三十瓣重叠累生,有若百片合成,故名百合。

清朝初年,盛传一个关于百合的美丽传说:一个名叫含香的姑娘,陪伴着母亲住在木兰青山区。有一天,有一位富家大公子乘马车路过此地,看见了含香,竟以为是仙女下凡,立即邀请她一起回城,他以为自

图 7-9　百年好合图

己是大公子，权大势大，可以蛮不讲理。岂料含香竟执意不肯。大公子哪肯罢休，拉着姑娘不放。姑娘惨叫，呼天保佑，忽然一阵神风吹来，姑娘不见了。在姑娘原来站的地方，长出一株百合花，散发阵阵幽香。清新脱俗的百合花散发淡淡的清香，就像醉人的女人香，风中摇曳的花影有如婀娜多姿的娟秀佳人，不问尘事，只可远观而不可亵玩焉。多变的风貌如梦似幻，花朵的花柱伸长于唇外，宛如蝴蝶的触须一般，开始翩翩起舞，含情脉脉惹人怜爱。人们常把百合、水仙、栀子、梅、菊、桂花和茉莉，合称"七香"。

　　百合花为婚礼必不可少的吉祥花卉，天真清纯、浪漫美好。百年好合图寓意夫妻恩爱、和和美美、称心如意。

六、螳螂捕蝉图

螳螂捕蝉图(图 7-10)由枸树、螳螂和蝉构成。一只蝉立于枸树上,正在高声鸣叫,惬意非常;一只螳螂在树下紧盯着,做好了随时捕捉的姿势。枸树枝叶舒展,有一颗圆溜溜的果实点缀其间。螳螂的艺术形象细腻、出神入化、活灵活现,令人赏心悦目。

图 7-10 螳螂捕蝉图

蝉,又名知了;螳螂是一种昆虫。我国早有螳螂捕蝉的典故。在一个炎热的夏日,蜻蜓在荷花中穿梭飞舞,蝉在枸树枝头鸣叫。螳螂从树叶中爬出,探头窥视,悄悄地朝蝉的方向爬去。蝉已察觉,但镇定自若。当螳螂在背后举"刀"欲斩时,蝉却振翅飞去。又一日,蝉在枸树枝头鸣叫。一片树叶在慢慢地朝前爬动。黄雀飞上枝头整理羽毛，它发现树叶在向蝉的方向爬动，知道其中有诈，就密切注视着。螳螂驮叶伏行，接近蝉，这次蝉毫不察觉。螳螂迅速举"刀"向蝉猛砍，蝉被击中，吱吱直叫。正当螳螂在为自己的胜利高兴时，黄雀突然向螳螂猛扑过来，这正是"螳螂捕蝉，黄雀在后"的典故。

"螳螂捕蝉，黄雀在后"这个典故，讽刺了那些只顾眼前利益，不顾身后祸患的人，并对鼠目寸光、利令智昏、不顾后患以及一心想暗算别人，却没想到有人也想暗算他的人提出了警告。这个成语提示我们在考虑问题、处理事情时，要深思熟虑，考虑后果，不要只顾眼前利益，而不顾后患。

第八章　武汉长江大桥花鸟装饰图案

中国花鸟画在长期的历史发展中，适应中国人的社会审美需要，形成了以写生为基础，以寓兴为表现手法的传统。其立意往往关乎人事，它不是为了描花绘鸟而描花绘鸟，不是照抄自然，而是紧紧抓住花鸟与人们的生活遭际、思想情感的某种联系而给以强化的表现。它既重视真，要求花鸟画具有"识夫鸟兽木之名"的认识作用，又非常注意美与善的观念表达，强调其"夺造化而移精神遐想"的怡情作用，主张通过花鸟画的创作与欣赏，影响人们的志趣、情操与精神生活，表达作者的内在思想与追求。

武汉长江大桥护栏图案近半数为花鸟题材的作品，其构图方式、审美观念、寓兴表达都借鉴国画花鸟的传统。本章介绍的作品是花卉和鸟的组合构图形式图案，共23幅，采用的是剪纸镂空形成，虽然表现意境与国画不同，但其艺术根源是一脉相承的，除画面给人的视觉美外，还表达了丰富的寓意。有歌颂美好爱情的，有纳福求吉的，有描绘自然美景的。

第一节　花鸟图之爱情篇

爱，人间亘古不变的美丽，爱情是古老而又常新的人生话题。诗人用最美丽的语言来表现爱情的永恒和不朽，认为它能给人带来精神上的愉悦，情绪上的激动和生活上的充实。文学家用"灰姑娘"的童话故事，来提升主人公的社会地位，给出一种仙境奇幻般的出路。哲学家柏拉图说："爱就是寻求完美，也就是说没有一个爱的表面目标是可信的。我们不能为另一个人自身的缘故爱他，而只能把他作为真正想要的善的部分化身和媒介去爱他。"武汉长江大桥护栏图案的设计艺术家用比兴、象征、隐喻等手法构思画面，用大家熟知的相思树、荷花、玫瑰、桃花等花卉，表达相思、纯洁、爱恋、好运，用相思鸟、鸳鸯、长尾雉等长情、忠实的鸟来歌颂和赞美爱情，表达"执子之手，与子偕老"的爱情境界。历年来，不时有有情人在武汉长江大桥的6幅爱情图上，挂上同心锁，以此来见证他们的爱情。

一、相思图

相思图（图8-1）由红豆树、相思鸟和山菊花构成。一棵红豆树从右下方向左上方斜伸，树枝婀娜，枝上两只相思鸟依枝而眠，神态安闲；三朵山菊花衬托于左下方，有大有小、有正有偏，构成一幅静谧的山野鸟憩图。

红豆树，又名相思树，常绿乔木，根枝交错，果实红豆，亦称相思子，晶莹红亮，因种子鲜红而得名；相思鸟是一种美丽的小鸟，体型矫健玲珑，色彩艳丽，且鸣声清脆悦耳，是著名的欣赏鸟。在鸟群中，常成双成对地生活。在每年春天繁殖季节到来的时候，雌雄鸟更是形影不离。当雌鸟飞走时，雄鸟一定同行，如雄鸟先起飞，雌鸟也紧紧相随。谁先飞到目的地，谁就在枝头上发出"鹡鸰"的叫声，以召唤自己的伴侣。相思鸟因相思而生，又为相思而亡。相思鸟的一生为相思而活。如果其中之一遇到不幸，它的伴侣将长久地巡飞在枝头，频繁地发出哀婉的鸣叫。

相思鸟又称"爱鸟"，有些地方常作为珍贵的礼品赠给新郎新娘，祝他们像相思鸟一样恩恩爱爱，白头偕老。关于相思鸟还有一个凄美的传说：很久以前，韩家庄老员外家有一千金小姐名叫翠儿，聪明漂亮，喜欢诗词歌赋。一日，翠儿户外散心，见一公子在吟诗，仔细聆听、应

图 8-1 相思图

答,几首诗过后,奇缘一瞬间产生,书生和翠儿已是情投意合。可是,老员外嫌公子清贫,故意把公子弄瞎了。翠儿因逼婚而疯,一瞎一疯同时流落于小镇街头,仍在不停地吟诵爱情诗篇。他们死后好心人将他们埋在一起,两人的坟墓上出现了两只鸟,鸟鸣声非常凄惨,似在诉说心中的思恋,人们就给这对美丽的鸟起了个好听的名字:相思鸟。

  鸟有相思鸟,树有相思树,豆也有相思豆。相传古代有位少妇,因思念出征战死于边塞的夫君,朝夕倚于门前树下恸哭,泪水流干了,眼里流出了血,血泪染红了树根,于是就结出了具有相思意义的红色小豆子——红豆。红豆是青年男女情思的象征,是相思的隽品和爱情的信物。唐代诗人王维所写的:"红豆生南国,春来发几枝。愿君多采撷,此物最相思。"王维的《相思》被成功传诵,经久不衰,红豆这一意象果子占据着无法比拟的优势。由相思树和相思鸟构成的相思图,象征忠贞不渝的爱情。

二、荷花鸳鸯图

荷花鸳鸯图(图 8-2)由柳枝、荷花、荷叶、鸳鸯和水波组成。在池塘边柳枝的掩映下,两朵荷花,争艳怒放,多姿多彩。在荷叶的映衬下,更有种"出淤泥而不染,濯清涟而不妖"的风范,一对鸳鸯在水面悠然戏水,打破了一池碧水的宁静,荷叶的婀娜多姿,荷花的娇艳欲滴,鸳鸯的深情凝望,生动形象地再现了一幅池塘美景图。

图 8-2 荷花鸳鸯图

鸳鸯属雁形目,鸭科。鸳指雄鸟,鸯指雌鸟。鸳的羽毛颜色鲜艳、有光泽，可谓五彩斑斓；鸯的羽毛大多以灰褐色为主。华丽与朴实相对比，只因为繁殖后代的分工不同所然。

鸳鸯图案早在唐代就出现，宋代定窑、景德镇窑、耀州窑、磁州窑的碗、盘、枕等器物上普遍采用鸳鸯纹。元代青花瓷器上，鸳鸯纹颇多，有作主题纹饰的，也有作辅助纹饰的。明、清两代青花瓷、斗彩瓷、五彩瓷上常见鸳鸯纹饰。相传从前有一对青梅竹马的情侣，男的因狩猎不慎葬身湖底，女的为此跳入湖中相随殉情，此情感动天地，湖神便将他们化作一对鸳鸯，终日嬉游湖面相偎相依。《诗经》有"鸳鸯于飞，毕之罗之"的诗句；唐朝李白的"七十紫鸳鸯，双双戏亭幽"；孟郊有"梧桐相待老，鸳鸯会双死"的诗句；杜甫的"合昏尚知时，鸳鸯不独宿"；卢照邻有"得成比目何辞死，愿作鸳鸯不羡仙"的诗句。这些诗句的诗意为，鸳鸯是成双成对，一结连理，白头到老、相伴终生的爱情鸟。

荷花为珍贵水生花卉，花单生于花梗顶端，高托于水面之上，有单瓣、复瓣等花形。花色有白、粉、深红、淡紫色或间色等，花大色艳，清香远溢，凌波翠盖，既可广植湖泊，又能盆栽瓶插，别有一番情趣。荷花是花中君子，象征中国传统文化中的一种理想人格，"出淤泥而不染，濯清涟而不妖"，荷花象征清廉，盖"青莲"者，谐音"清廉"也。荷花也象征爱情，盖荷花别名芙蓉花，或云水芙蓉，"芙蓉"、"夫容"也；又白居易《长恨歌》云："芙蓉如面柳如眉"，因此荷花常用来象征爱情，而并蒂莲尤其如此。二莲生一藕的图画，叫"并莲同心"。水芙蓉之"蓉"谐音"荣"，荷花和牡丹花在一起，叫"荣华富贵"，荷花和鹭鸶构图，寓为"一路荣华"。

在我国，荷花鸳鸯的艺术精品更是丰富多彩：明末画家张子政的《芙蓉鸳鸯图》；清代任伯年的《荷花鸳鸯图》。荷花与鸳鸯构图是传统寓意图案，荷花清纯雅致，鸳鸯成双入对，相亲相爱，荷花、鸳鸯勾起多少文人墨客的翩翩联想，一幅幅荷花鸳鸯图跃然纸上，成了我国丹青永久的表现题材。

三、玫瑰长尾雉图

玫瑰长尾雉图(图 8-3)由玫瑰花和长尾雉鸟构成。玫瑰树枝和玫瑰花布满画面,三朵美丽的玫瑰灿烂开放,一只长尾雉在枝头站立,翘首观花,悠闲惬意。

图 8-3　玫瑰长尾雉图

玫瑰是蔷薇科,既美丽又芳香,花及根可入药,有理气、活血、收敛等作用,玫瑰因花香迷人、花形优美且色彩艳丽而倍受珍视。长尾雉属雉科,长尾雉是我国的特产鸟,羽色绚丽,是著名的观赏鸟,也是美味的食物。长尾雉雄鸟尾羽极长,具有洒脱秀丽的英姿。"玫瑰"这个词在《康熙字典》中指的是"彩色石头",尤其是红色石头。关于玫瑰花名字的由来,《说文》中云:"玫,石之美者,瑰,珠圆好者",就是说"玫"是玉石中最美的,"瑰"是珠宝中最美的。玫瑰花香味芬芳,袅袅不绝,长久以来就象征美丽和爱情,并形成了美丽的爱情文化。首先,它是一种爱情文化,有着对幸福人生执着的追求;其次,它是美丽的,具有积极的指导作用,鼓励人们回归生活的本质,在积极的追求中实现个人的生命价值。玫瑰长尾雉图寓意爱情之花,长长久久。

四、芦雁图

芦雁图(图8-4)由芦苇、大雁和美丽的莲花构成。南宋戴复古的《江村晚眺》诗曰:"江头落日照平沙,潮退渔船阁岸斜。白鸟一双临水立,见人惊起入芦花。"人来雁惊,双双飞起,碧绿的江水,青青的芦荡,绿色的芦苇,白色的芦花,洁白的大雁,艳丽的莲花,构成一幅色

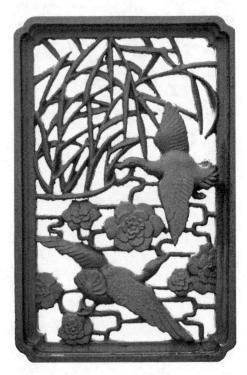

图8-4 芦雁图

彩浓郁、斑驳陆离、耀人眼目的美丽画卷。

大雁又称野鹅,属天鹅科种类,雌雄两鸟从不独活,终生配对。芦苇多生于低湿地或浅水中,是一种生物量高的灵性植物,有顽强的生命力。盛夏时节,每根芦苇从秆到叶都是鲜绿的,绿得闪闪发亮,嫩得每片叶子都要滴出水来,苇叶临风摇曳,婀娜多姿,显示出一种生机勃勃、欣欣向荣的景象。雁,自古以来是人们寄托思乡情的鸟类,有"鸿雁传书"的典故。芦苇习性坚韧,风吹弯腰,风过重又挺直。我们每个人都是那永远的芦苇,永远难能折服。法国思想家帕斯卡尔曾经说:"人是一支有思想的芦苇。"这是一种诗意形象的比喻,人的生命如芦苇般脆弱而优美,低头而轻松,沉思而快乐。芦雁图将芦苇和大雁置于同一画面之中,代表爱情经得起挫折和风浪,是夫妻和睦相处、相亲相爱的美好象征。

五、白头偕老图

白头偕老图(图 8-5)由梧桐树和白头翁鸟构成。高大的梧桐树上,几只白头翁在快乐地玩耍,神态自如;梧桐碧叶青干,树影婆娑,一派鸟语花香、静谧和谐的画面。

白头翁是长江以南地区的常见食虫鸟,体形适中,头顶黑色,后头白色,常常在花果园里,以变幻多端的鸣叫,打破沉寂,给大自然带来生气,喜择梧桐树等乔木筑巢成家。梧桐树,高大挺拔,树干无节,向上直升,树冠犹如碧绿巨伞,气势昂扬。树皮平滑,树叶浓密,显得十分清雅洁净。梧桐是一种优美的观赏植物,点缀于庭园、宅前,为树木中之佼佼者,人们赞之曰:"栽下梧桐树,自有凤凰来。"

白头翁生性活泼,常在树枝间跳跃飞翔,一般不做长距离飞行。善鸣叫,鸣声婉转多变。人们喜栽梧桐树,不但因为梧桐有气势,而且梧桐是祥瑞的象征。白头偕老图寓意美好,启示着自然的无限生机,寄托着夫妻恩爱白头偕老的美好愿望。

图 8-5　白头偕老图

六、桃花鹦鹉图

桃花鹦鹉图（图 8-6）由桃花树和鹦鹉构成。一只美丽的鹦鹉在注目沉思，桃花盛开，花儿鲜艳夺目，桃树青绿旺盛。

桃花为落叶乔木，叶椭圆状披针形，花单生，有白、粉红、红等色，重瓣或半重瓣，核果近球形。桃花是中国传统的园林花木，树态优美，枝叶扶疏，花朵丰腴，色彩艳丽，为早春重要的观花树种。桃家喻户晓。桃核可以榨油，其枝、叶、果、根俱能入药，桃木细密坚硬，可供雕刻用。桃花以它俏丽的色彩、缤纷的落英触动了中国人的某种情绪和情感，被渗透、融汇了审美主体的心理因素，并且用作人们共同认可的一种信息载体，世世代代承袭相传。大自然最美的季节是万物复苏、欣欣向荣的春天，中国文人对春天倾注了十分炽热的情感，咏春的诗文

图 8-6　桃花鹦鹉图

特别发达。而春天又美在桃花盛开的时节，于是，自我们所能见到的《诗经》之始，铺陈春景，不能不写桃花。永恒的自然界，极富生命力的桃花，激发了中国文人的艺术想象力和热爱生活的心愿。中国文人把自然界的桃花作为自己的生命、自己的本质力量和自己情感意识的对应物加以抒写。他们借桃花歌颂自然美、劳动美、创造美，表达对永恒自然和永恒生命的向往。鹦鹉主要是热带、亚热带森林中的食果鸟类，种类繁多，形态各异，鸣叫响亮，羽毛绚丽。鹦鹉聪明伶俐，善于学习，经训练后可表演许多新奇有趣的节目，深为人们所欣赏和钟爱。鹦鹉是绘画中经常表现的题材之一，古时的扇面画中，常用一只色彩斑斓的鹦鹉鸟立于枝头，动态可掬，十分美好。

　　在中国，桃花一直以来都与爱情有缘，人们常说的"桃花运"，意含桃花能给人带来爱情的机遇。武汉长江大桥的桃花鹦鹉图，选取鹦鹉和桃花这两个美丽图案进行组合，首先呈现的是一种自然的美好，让欣赏者觉得赏心悦目，体验幸福快乐的感觉。其次是这两种元素的文化因子的重构，承载着爱情文化。鹦鹉身形特征突出，就好像是一位富有个性的帅气男子，而鲜艳欲滴的桃花就好比美丽多情的年轻女子，彼此组合，寓意深刻，既可预示美好的爱情即将来临，也可表达爱情的甜蜜和美好。

第二节　花鸟图之吉祥篇

在我国传统的艺术百花园中，有一朵散发浓郁芳香，在民间经久不衰、广泛流传的奇异鲜花，它就是吉祥艺术。它是远古以来先民们在祈望生命的繁衍、生命的保障、生命的发展过程中，形成的独特图像象征意象艺术。黑格尔说："象征虽然不像单纯的符号那样不能恰当地表达出意义，但是既然是象征，它也就不能完全和意义相吻合。因为从一方面看，内容意义和表示它们的形象在某一个特点上固然彼此协调；而从另一方面看，象征的形象却还有完全与所象征的普遍意义毫不相干的一些其他性质……"其主要特征是，物质的表现形式压倒精神的内容，形式和内容的关系仅是一种象征关系，是用某种符号、事物来象征一种朦胧的认识或意蕴。如武汉长江大桥护栏图案用荷花(莲花)来表现高洁，用芙蓉来表现富贵，芙蓉与海棠花组合称为"满堂富贵"；松树常青不老，梅花凌寒不凋，竹子四季碧绿，合起来被称为"岁寒三友"，是比喻文人气节的最佳组合；兰花幽香，菊花傲霜等，这些吉祥花鸟图表达人们追求幸福生活的美好愿望。武汉长江大桥护栏花鸟吉祥图案有9幅，不同的组合表达着不同的吉祥寓意，传达着创作者不同的心声。

一、喜鹊登梅图

喜鹊登梅图(图 8-7)由梅花和喜鹊构成。遒劲的梅树枝繁叶茂，盛开的梅花布满整个画面，一对喜鹊在花丛中尽情嬉戏。梅花艳丽，喜鹊活泼,构图饱满。

图 8-7 喜鹊登梅图

喜鹊属鸦科类,多生活在人类聚居地区,叫声婉转,喜食谷物、昆虫,它的名字包括两个含义,一是"灵能报喜,故谓之喜"二是"鹊鸣,故谓之鹊",合起来就是人见人爱的喜鹊。梅花,古代又称"报春花",传说梅具四德:初生蕊为元,开花为亨,结子为利,成熟为贞。象征五福,即快乐、幸福、长寿、顺利与和平。

传说玉帝派金牛星下凡,给人间撒了草籽,大地处处绿茵,只是缺少花木。人间还不够美。于是王母娘娘就派百花仙子给人间送去花籽,但舍不得冬梅,从那时起,人间大地从春到秋,百花盛开,惟独冬天没有花。喜鹊原先是仙鸟,生活在天宫,得知这一消息后,便偷了一株梅树苗,衔到人间。从此大地上就有了梅花。因时值腊月花开,所以称它为"冬梅"或"腊梅"。自此,喜鹊就与梅联系在了一起。民间还传说七夕时,人间所有的喜鹊都会飞上天河,搭起一条鹊桥,让牛郎和织女相见,俗称"鹊桥会"。

喜鹊登梅是中国传统吉祥图案之一,是好运、福气、吉祥的象征。梅花蕴含着中华民族的审美趋向、情感脉络和道德标准,是中华民族之魂,又是春天的使者;喜鹊是好运与福气的象征。"喜鹊叫,客人到",寓意喜事临门。我国画鹊兆喜的图画很多:如两只喜鹊面对面叫"喜相逢";双鹊中加一枚古钱叫"喜在眼前";一只鹊和另一只鹊在树上树下对望叫"欢天喜地"。流传最广的,则是鹊登梅枝的报喜图,又叫"喜上眉梢"。

二、锦上添花图

锦上添花图(图 8-8)由锦鸡、菊花和装饰石组成。图面以菊花为主,置于图案的右边和上方,一只美丽的锦鸡立于景石之上,侧头注视菊花,美丽的羽毛完全展现在画面之中,神情悠闲地闻着花香,菊花灿烂,花枝茂盛,花叶青壮。"东邻畜锦鸡,西邻养鹦鹉",是田园风光的写照。

菊花是菊科草本,可用于观赏、布置园林、美化环境。菊花可作花茶,有清热解暑的功效,药食兼优。锦鸡为雉科,形状与雉相似,雄鸟头上有金色的冠毛,颈是橙黄色,背是暗绿色,尾巴很长,雌鸟羽毛暗褐色,皆美丽。

菊花,傲霜风露,隐喻幽人韵士的高风亮节。在神话传说中菊花被赋予了吉祥、长寿的含义。锦鸡是驰名中外的最漂亮的观赏鸟类,体态纤巧,步履轻盈,风姿卓绝。菊花和锦鸡为历代文人画家表现的对象,宋徽宗的《芙蓉锦鸡图》是国宝级文物,构图要素为菊花、芙蓉和锦鸡,形象生动逼真,色彩艳丽。武汉长江大桥的锦上添花图,是利用谐音和比拟的方法,来构成吉祥图案的。从寓意上讲有两个方面:一是表达新中国成立之初,我们的国家百废待兴,预祝祖国欣欣向荣、前程似锦;二是寓意人民生活芝麻开花节节高,幸福生活锦上添花。

图 8-8　锦上添花图

三、芙蓉黄鹂图

芙蓉黄鹂图(图8-9)由芙蓉花和黄鹂鸟构成。一株芙蓉花枝从左向右伸出,布满整个画面,一朵半开未放,两朵艳丽绽放,三个花蕾含苞欲放。一只黄鹂鸟头向下立于芙蓉树枝头,神情专注地欣赏着芙蓉花的美姿,也好像嗅到了花朵的清香。芙蓉黄鹂图构成了一幅声色和谐的美丽画面。

芙蓉花属落叶灌木或小乔木,叶互生,阔卵圆形,花朵大,单生于枝端叶腋。芙蓉花清姿雅质,独揽众芳,菊花傲霜,但芙蓉开在霜降之后,更耐霜寒,故名拒霜花。古人多有诗词赞美:"堪与菊英称晚节,爱他含雨拒霜清";"千林扫作一番黄,只有芙蓉独自芳";"群芳谱里群芳消,俏中还数木芙蓉"。芙蓉也是画家们钟情的花卉,如朱宣咸的

图 8-9 芙蓉黄鹂图

中国画《秋色芙蓉》就是十分有名的代表作。黄鹂羽色艳丽，鸣声悦耳动听，飞行姿态呈直线形，备受人们的喜爱。芙蓉黄鹂图寓意高雅、美丽、富贵和吉祥。

四、樱桃画眉图

樱桃画眉图（图 8-10）由红樱桃树、画眉鸟和野菊花构成。在一片葱绿的樱桃叶下，一串串红色的樱桃果垂吊着；左下方绽放了几朵黄色的野菊花；一只画眉鸟立于枝头，好像要吃新鲜美味的红樱桃果。画面色彩缤纷，动静交替，十分和谐。

樱桃是我国北方落叶果树，属蔷薇科梅属落叶小乔木，果呈圆形，大红色，十分秀美。樱桃树姿秀丽，花早色艳；果实硕大，色泽光艳；果肉柔嫩，肥厚多汁；果味纯正，酸甜可口；果质优良，营养丰富。樱

图 8-10　樱桃画眉图

桃有"春果第一枝"的美誉。中医药学认为,樱桃味甘、性温、无毒,具有调中益气,健脾和胃,祛风湿,"令人好颜色,美志性"之功效,赞赏樱桃的诗句:

　　四月江南黄鸟肥,樱桃满市粲朝晖。赤瑛盘里虽殊遇,何似筠笼相发挥。

樱桃又名"玛瑙",自古以来一直招人喜爱。樱桃有祝贺生日情谊之意,有诗为证:

　　奈何奈何可奈何,奈何今日樱桃多,樱桃似花红似火,贺生送祝情意浓。

樱桃有代表母亲恩之意：电影《樱桃》表现的是宽容、深沉和无尽的母爱。在母爱的臂弯里成长，不管你流浪的足音弹向何方，也永远走不出母亲的爱。

画眉属雀形目鹟科画眉亚科，主要栖息于浓密灌木林中，喜欢在晨昏时鸣唱，叫声明亮悦耳，且变化无穷，为鸣鸟中之佼佼者，且能仿效其他鸟类鸣叫，历来被民间饲养为笼养观赏鸟。宋代欧阳修诗曰：

> 百啭千声随意移，山花红紫树高低。始知锁向金笼听，不及林间自在啼。

此诗就是表现画眉愿在树上，不受约束、尽情欢唱的名句。武汉长江大桥将美丽的樱桃树和可爱的画眉鸟一起构图，意欲用画眉鸟悦耳动听的声音告之世人：母爱的伟大、友情的重要，自然的美好。愿世人珍惜所拥有的一切，幸福吉祥。

五、枫树猫头鹰图

枫树猫头鹰图（图 8-11）由枫树和猫头鹰构成。一棵粗壮的枫树从左下方向右上方斜伸，枝叶繁茂，果实累累；一只猫头鹰静静地站立于枫树之上，微风拂过，枫树摇曳，好一幅动静交织的美景图。

猫头鹰面形似猫，两眼又大又圆，炯炯发光，昼伏夜出，为夜行性肉食性动物，常栖息于树上。枫树是夏绿乔木，叶子掌状三裂，对生，秋季变成红色，观赏性很强。枫树，叶片较大，与人的手掌大小相近，叶柄细长，使得叶片极易摇曳，稍有轻风，枫叶便会摇曳不定，互相摩擦，发出"哗啦哗啦"的响声，给人以招风应风的印象。当枫树成片、叶色似火时，深秋的景色更为美艳了，枫树参天高耸，异常强壮，有旺盛蓬勃的生命力。

描写枫树和枫叶的文学作品很多，其中杜牧的《山行》：

图 8-11　枫树猫头鹰图

远上寒山石径斜，白云生处有人家。停车坐爱枫林晚，霜叶红于二月花。

绘出了一幅色彩热烈、艳丽的山林秋色图。余邵的《红枫》：

红枫似火照山中，寒冷秋风袭树丛；丹叶顺时别枝去，来年满岭又枫红。

这首诗表现了异常美丽的流丹枫叶、枫树不畏强暴的顽强生命力。

希腊神话中，智慧女神雅典娜的爱鸟就是一只小鸮（猫头鹰的一种，被认为可预示事件发生），因而古希腊人把猫头鹰尊为雅典娜和智慧的象征。在日本，猫头鹰被称为是福鸟，还被设计为长野冬奥会的吉祥物，代表吉祥和幸福。武汉长江大桥的枫树猫头鹰图选用一只猫头鹰静坐于枫树枝的画面，表现了自然界动植物的和谐美，同时也有吉祥美好的寓意：警示人们注意驱邪、避灾；象征勇敢、坚强和顽强不屈。

六、槐树八哥图

槐树八哥图（图 8-12）由槐树和八哥鸟构成。高声歌唱的八哥鸟隐蔽在密密的花叶当中，槐花香随风飘散，诱得八哥依依不舍，不愿离去。画面诗意浓郁，就好似那声味色俱全的艺术品。

图 8-12　槐树八哥图

八哥鸟性情很温顺，鸣声嘹亮，善于模仿其他鸟鸣和人类语言，训练后能做各种表演。八哥性喜结群，每至暮时，大群翱舞空中，噪鸣片刻后栖息。八哥聪明、机灵、忠诚、有个性，经过人工调教后，它能主动与人亲近、嬉戏、说话。

槐树，又称国槐，树形高大，花为淡黄色或白色，花期在夏末，是一种重要的蜜源植物。在我国分布广泛，枝叶茂密，绿荫如盖。槐花竞相开放时，好似头戴碧绿小帽子，身穿淡黄色裙子，彼此串联，像一串串风铃在绿叶间飘荡，是人们喜爱的乡土树种。

槐树在中国上古时期就是官职的代名词。槐树早在西周就是三公宰辅之位的象征。因为槐与"怀"同音，表明"怀来人于此，欲与之谋"。古代汉语中还有很多这样的词汇，如：槐位，指三公之位；槐卿，指三公九卿；槐岳，指的是朝廷高官。到汉朝时，出现了"槐市"，指代读书人聚集的场所，因植槐而得名。唐朝元稹《学生鼓琴判》："期青紫于通径，喜趋槐市；鼓丝桐之逸韵，协畅熏风。"描写读书人喜欢到栽植槐树的地方聚集活动。实行科举取士后，"槐花黄，举子忙"这首民谣也随之产生并流传开来。这是说当槐树开花时，六月落榜者闭门苦读，请人出题私试，还将新做的文章呈献给有关官员以求荐拔，十分忙碌。唐宋时常以槐指代科举考试，考试的年头称为槐秋，举子赴考称为踏槐。北宋黄庭坚在《次韵解文将》："槐催举子着花黄，来食邯郸道上梁。"南宋·范成大《送刘唐卿》诗有："槐黄灯火困豪英，此去书窗得此生。"明清后槐树成为登科及第的吉兆。清朝河北的《文安县志》中记载："古槐，在戟门西，清同治十年东南一枝怒发，生色宛然，观者皆以为科第之兆。"槐树作为一个文化符号，它反映着中国历史和文化的轨迹。

武汉长江大桥的槐树八哥图，用文化之树和玲珑之鸟组合构成，有吉兆、吉利、吉庆的美好寓意。

七、月季云雀图

月季云雀图(图8-13)由月季花和云雀鸟构成。一株月季花布满画面，两朵月季花迎风怒放，一只云雀站在月季花枝上，快乐地歌唱着，化红叶绿、鸟鸣悠扬，对比效果强烈，构图十分美好。

云雀属雀形目，百灵科，鸣声活泼悦耳，常在高空振翅飞行时鸣

图 8-13　月季云雀图

唱。"你好呵，欢乐的精灵！"我们所知道的云雀是英国诗人雪莱笔下那欢乐、光明、美丽的象征，它是深闺中美丽的妙龄少女，是黑夜中如点点星辰的萤火虫，它那美妙歌声是圣乐，是自然之音，蕴含着无穷的力量……而诗人昌耀笔下的云雀则是神秘的隐者，以一种孤寂、茫然、凄凉的意象，给我们带来了新的艺术冲击。

　　月季是有刺灌木，常绿或半常绿，叶为墨绿色，四季开花，花朵常簇生，花色甚多，偶有白色，大多数是两性花，花形优美，花香沁人心脾。常用于布置花坛、花径、庭院的花材，亦可制作盆景，有花中皇后的美称。花可提取香料，根、叶、花均可入药，具有活血消肿、消炎解毒的功效。

　　月季是我国十大名花之一，起源于中国又盛行于中国，被北京等国内 50 余个城市选定为市花。月季色彩艳丽，千姿百态，深受中国人民的喜爱,其中"中国红"月季无论是名称还是颜色都最具中国特色。充满着生机与活力的红色,是中国人最喜欢的颜色,象征着吉祥如意、幸福与欢乐,同时也象征着向上的活力。作为北京奥运会和残奥会的颁奖花束,主花材"中国红"月季,名为红红火火,整体呈尖塔,象征中华民族自强不息,团结一心的民族精神和不断追求友谊、团结、公平竞争的奥林匹克运动精神。

武汉长江大桥的月季云雀图,象征红红火火、吉祥如意、幸福与欢乐,同时也有积极向上的寓意。

八、蕉雀图

蕉雀图(图8-14)由美人蕉和麻雀构成。一丛茂盛的美人蕉从左侧向右上方伸出,花色艳丽,花荫下,两只麻雀似在打盹,不远处的三只

图8-14 蕉雀图

麻雀在啄食谷粒。美人蕉花姿绰约，麻雀神态各异，动态可掬，是一幅动静交织优美的觅食图。

美人蕉属姜目美人蕉科的多年生球根草本花卉。在炎夏盛开，给人以勇往直前、乐观进取之感。

麻雀属鸟纲雀形目，为杂食性、与人类伴生的鸟类，栖息于居民点和田野附近。虽"语"不惊人，"貌"不出众，却具有以生命捍卫自由、顽强活泼的天性。机灵可爱的小麻雀，长着一双乌黑雪亮的眼睛，还有一个嫩黄色的尖尖小嘴，头上有一撮烟色的翎毛，背上还有一块深褐色的斑，小麻雀高兴时便头动尾巴摇；生气急躁时，全身的毛都会竖起来。小麻雀有可爱小巧的样子、丰富的叫声和神气活现的表情。麻雀是十分弱小的动物，可俄国作家屠格涅夫笔下的那只麻雀不仅战胜了庞大的猎狗，更是深深地打动了无数读者的心，让人深感平凡中见伟大。

武汉长江大桥蕉雀图，用司空见惯的美人蕉和房前屋后的小麻雀来构图，表现了自然界和谐的田园美景。同时蕉雀图也是传统的吉祥图，在古代，"雀"与"爵"同音。麻雀在古代是有象征意义的鸟类，象征"爵位"，寓意"加官进爵、爵禄丰厚"的美好意愿。明代程涓吟咏雀鸟"审锡(赐)爵之为祥，习衔环之令闻"，明显地将雀鸟与赐爵联系起来。美人蕉是美丽、高洁的象征，雀蕉成画，既暗含加官进爵的美好祝愿，又不乏高洁典雅的气息。整幅图既富贵吉祥，又文雅精致。

九、天鹅睡莲图

天鹅睡莲图(图 8-15)由天鹅、睡莲、龟纹和波纹构成。美丽的睡莲铺满了整个画面，花、叶、水草、水波，交错互生，一只白天鹅游于水中，睡莲动容，莲花竞放，生机勃勃，构成了一幅水波荡漾、天鹅戏水、睡莲轻舞的美丽画面。

睡莲又称子午莲、水芹花，是属于睡莲科睡莲属的多年生水生植物，睡莲是水生花卉中的名贵花卉。

天鹅长颈，羽色洁白，体态优美，叫声动人，行为忠诚，在水中滑

图 8-15　天鹅睡莲图

行时神态庄重,飞翔时长颈前伸,双翅翩然而行,十分优雅。越冬迁飞时在高空组成斜线或"人"字形队列前进。

在东方文化和西方文化中,不约而同地把白色的天鹅作为纯洁、忠诚、高贵的象征。西方的音乐和文学作品中有天鹅的形象,圣桑的《天鹅之死》、柴可夫斯基的舞剧《天鹅湖》中都有天鹅高贵、圣洁的形象,安徒生用天鹅羽色的变化演绎了一篇动人的《丑小鸭》。天鹅夫妇终生厮守,对后代也十分负责。为了保卫自己的巢、卵和幼雏,天鹅敢与狐狸等动物殊死搏斗,因此天鹅又是爱情的象征。

武汉长江大桥的天鹅睡莲图,以天鹅、睡莲、龟纹为主要图案。龟至汉唐以来,以其耐饥渴,寿命极长,成为长寿的象征,人们常以龟龄来喻人长寿,中国古人把龙、凤、虎、龟合在一起称为"四灵",这种灵性动物和高贵的天鹅,美丽的睡莲组合在一起,其文化内涵相互补充,共同表达其吉祥寓意:高贵典雅、信念坚定、沉着冷静、机智勇敢、健康长寿。

第三节　花鸟图之祈盼篇

中国自奴隶社会以来,人们对于财富的追求就从来没有减弱过,财富的多少成为人们生活质量、生活水平高低,甚至人生是否成功的一个重要量化指标。在财富方面,吉祥图案虽然运用了各式各样的内容来表现,其主题并不多样,内容也相对固定,尽管应用频繁,但内容多以财神元宝之类为主,让人感到了古代对财富的追求是比较单一的,而这种追求多体现于梦想已经发财的结果状态。"财"经常和"富"联系在一起,吉祥图案中的"富"一定要跟"贵"联系在一起。所谓的"贵"并不是价钱的高低,不是拥有众多家产即可以达到的,在社会地位上也要达到相当的层次。这种"贵"的含义隐含着极高的门第声望、社会地位。如何达到"贵"?其手段只有"禄"。有禄位、拿俸禄的人及其家族才能称得上"贵",且有"禄"就不可能缺少"财",对"禄"的追求可以说是官本位社会的最高追求。"财"—"富"—"禄",这三项看来非常庸俗的词汇,其推衍过程却明晰地显现了中国人的传统价值观。武汉长江大桥花鸟图案中有这种祈盼内涵的图案5幅,从这些图案中可以折射出人们的梦想和追求。

一、一本万利图

一本万利图(图8-16)由荔枝树与白鹇构成。一棵粗壮的荔枝树从画面的右上侧向下伸出,树叶密密麻麻,一串串荔枝在叶与枝之间冒出,挂满枝头;一只白鹇鸟立于荔枝头,悠闲自在,似在沉思,似在遐想。

白鹇,雉科、鹇属,喜在浓密树丛中活动,食昆虫、植物茎叶、果实。因其体态娴雅、外观美丽,自古就是著名的观赏鸟。荔枝是亚热带

第三节 花鸟图之祈盼篇 | 119

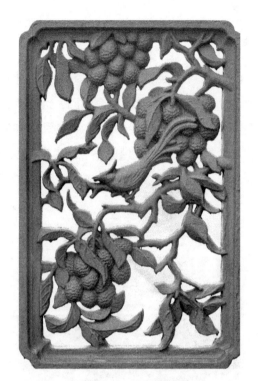

图 8-16 一本万利图

果树,常绿乔木,树冠广阔,枝多拗曲,偶数羽状复叶,果肉甜又脆,色、香、味皆美,有"果王"之美称。"妃子笑"荔枝原产海南,核小、个大、饱满、红绿相间。据载,杨贵妃喜吃荔枝,到了成熟的季节,要求每天都能吃到新鲜荔枝。唐朝都城位于西安,离最近的荔枝产地尚有千里之遥,加上鲜荔枝难以保存,唐玄宗为了讨好贵妃,用快马日夜不停地从产地送到京师。唐代杜牧有一首绝句曰:"一骑红尘妃子笑,无人知是荔枝来。""妃子笑"由此而得名。

　　一本万利图从构成元素来分析:一根枝条象征"一本",荔枝的"荔"与利益的"利"同音,密密麻麻的荔枝象征着"万利"。一本万利图一方面描绘了南方田园景色;另一方面也表达了人们企盼发财致富的心理状态。

二、一路连科图

一路连科图(图 8-17)由鹭鸶、莲叶、荷花和水波构成。鹭鸶立于沼泽地中央,莲花、莲叶、水波布满整个画面,远景由大的水波和飞翔的大雁构成,近景有小朵花卉,大叶的水生莲叶和细密的水波。画面中的鹭鸶姿容端庄、优雅大度,可以想象出它起、落时悠然翩然的神态,既没有得意恣肆之状,也不显失意沮丧之态。

图 8-17 一路连科图

鹭鸶是鹭科的鸟类,具有长嘴、长颈、长脚的外形,羽色有白色、褐色、灰蓝色等;莲,是被子植物中起源最早的种属之一,"中通外直,不蔓不枝,香远益清,亭亭净直"。鹭鸶是中国文人墨客最爱表现的鸟类动物之一。如明代吕纪的《秋鹭芙蓉图》,用画面表现了以鹭鸶为主要对象的花鸟画。唐代杜牧诗云：

> 雪衣雪发青玉觜，群捕鱼儿溪影中。惊飞远映碧山去，一树梨花落晓风。

这首诗表现了鹭鸶捕鱼的情形，以及美丽的风景。一路连科图寓意吉祥。"鹭"和"路"谐音，"莲"和"连"谐音，"荷"和"科"谐音。科：科举，封建社会科考之中，连连及第，谓之"连科"，一路连科比喻仕途畅通，步步高升。

三、仙鹤踏浪图

仙鹤踏浪图（图 8-18）由仙鹤和浪花构成。一只仙鹤在波浪中翩翩起舞，激起绚丽多姿的朵朵浪花，这是一幅极富动态美的风景图画。

仙鹤又名"丹顶鹤"，有"湿地之神"的美称。它性情高雅、羽色素洁、体态飘逸、鸣声不俗，素以喙、颈、腿"三长"著称。浪花是礁石引起海浪破碎出现的水花，浪花随意而富动感，塑造性较强。传说中的仙鹤，是生活在沼泽或浅水地带的一种大型涉禽，仙鹤寿命长达 50~60 年，人们常把仙鹤和同样长寿的松树并置在一起，被文学家、艺术家作为诗歌和国画中的主题而称颂，成为高雅、长寿的象征。

在古代《相鹤经》《禽经》这样的书里，都曾经提到仙鹤是鸟中一品，也就是说仙鹤在所有的禽鸟里，它的品级最高，因此古时在设计图案的时候，就把仙鹤和太阳结合在一起，构成了"一品当朝"这样的思想主题，如清朝一品官员胸前补服的补子上有一只仙鹤，还有一轮红日，周围还有很多吉祥花鸟，以及蝙蝠，海水江崖，总之在衬托这只仙鹤的高雅，它象征的就是"一品"，最高的等级，而"一品当朝"这样的图案实际上来源于中国封建社会的官制等级。

图 8-18 仙鹤踏浪图

武汉长江大桥图案中的仙鹤踏浪图,在构图形式上比较接近于"一品当朝"图,其反映的文化内涵也是一种企盼功名利禄的思想,表达乘风破浪、勇攀仕途高峰的凌云壮志。

四、杏林春燕图

杏林春燕图(图 8-19)由燕子和杏花构成。两只燕子相向而飞,一只俯身向下,另一只仰身向上,彼此相望飞舞在白色的杏花和嫩绿的杏叶间,灿若锦绣。

杏花春季开花,花多为白色,果实甘甜,可以生食。杏花中含有多种维生素和微量元素,美容美颜,树态优美,枝干扶疏,花朵丰腴,色彩清丽,为早春重要的观花树种。杏的果实是著名的干果;杏仁可以榨油;杏的枝、叶、果、根俱能入药;杏木细密坚硬,可供雕刻用。

图 8-19　杏林春燕图

　　燕属候鸟，形象娇小可爱，随季节变化而迁徙，喜欢成双成对出入屋内或屋檐下。燕子作为古典审美意象之一，也具有中国传统文化的象征意义。第一，春归之兆。燕子是候鸟，冬去春来。古代人的原始思维把这种关联神秘化，将燕子视为"司春之官"，认为正是燕子的归来才唤醒了久违的春天，燕子由此成为春天的使者，象征并表现在迎春等多种民俗活动中。第二，请子之鸟。《诗经》《史记》等典籍中记有玄鸟生商的神话。《说文·乙部》云："孔，从乙从子。乙，请子之候鸟也。乙至而得子嘉美之也。""乙"就是燕子。在古人眼中燕子的到来预示着女人能够怀孕生子，这一奇妙的象征意义在众多民俗中多有体现。第三，富贵之征。中国人将燕子视为吉祥之鸟，认为如果燕子在谁家屋檐做窝，那就象征着这一家成功、幸福和多子。燕子寄居人的屋宇之内与人相亲相近，同时也是家庭亲睦、祥和美满的吉兆。中国传统吉祥图案中的"杏林春燕",是以杏花和飞燕组合而成,预示进士及第、科举高中。在中国民俗中更有许多与燕子关联的民俗事象,如饮食(面燕)、娱乐民间故事等,传达着人们对燕子的喜好及对美好生活的祈盼。

第四节 花鸟图之绘景篇

大自然是最原生态的艺术之美。"顺其自然"是古人总结出的亘古不变的真理。人之大美是自然之美,天地有大美而不言,让心走进原生态,让情融入自然中。一朵朵娇艳欲滴的花,一条条清澈见底的小溪,一棵棵挺拔的大树,一地一地的青草,都衬托出大自然美丽的风采。

武汉长江大桥护栏装饰图案的设计者,用原创的艺术设计,将在与大自然的接触中迸发出的崭新灵感,创作出表现自然灵动、精致、纯美的图案作品,提醒我们用爱、用善良和智慧去欣赏大自然中平凡神奇的艺术和美丽。

一、鸥鸟迎春图

鸥鸟迎春图(图8-20)由黑嘴鸥、迎春花和水波构成。迎春花自右上方向左下方伸出,一只黑嘴鸥展翅飞翔,它神情专注,凝神前方,背后海波荡漾。黄色的迎春花和绿色的枝叶印衬着黑嘴鸥翱翔的英姿。

迎春花又名小黄花,系木犀科落叶灌木,因其花后即迎来百花齐放的春天而得名。迎春花枝条细长,花色端庄秀丽,具有不畏寒威、不择风土、适应性强的特点,历来为人们所喜爱。黑嘴鸥是鸥鸟类的一科,系海鸟的一种,体形较小,长寿,属珍稀保护动物,擅长在湖海的水面游泳和捕食鱼、螺。

迎春花静静地开放着,迎春的人热情地奔跑着,冬春交替时节,人们在转身和回眸之间,便发现春的气息已经悄然挂在枝头了。迎春花黄色的花蕾和花瓣在依然缺乏色彩的暮冬,静静地绽放出一种喜悦和风情。鸥鸟迎春图寓意春意盎然、生机勃勃、充满希望。

图 8-20　鸥鸟迎春图

二、紫薇蓝鹊图

紫薇蓝鹊图(图 8-21)由紫薇树和蓝鹊鸟构成。紫薇枝繁叶茂,色艳穗密,紫薇花开满枝头,一只蓝鹊鸟甜甜地打着盹儿,好一幅悠闲静谧的花鸟祥和图。

紫薇,别名百日红、满堂红,属落叶灌木,树姿优美,树干光滑洁净,花开满树,艳丽如霞。"紫薇花最久,烂漫十旬期,夏日逾秋序,新花续放枝,独占芳菲当夏景,不将颜色托春风。"蓝鹊尾羽长而秀丽,赤嘴赤足,蓝羽白冠,体态十分美丽。

在我国民间有个紫薇花的传说:远古时代,有一种凶恶的野兽名叫"年",伤害人畜无数,于是紫微星下凡,将它锁进深山,一年只准它出山一次。为了监管"年",紫微星就化作紫薇花留在人间,给人间带

图 8-21 紫薇蓝鹊图

来平安和美好。蓝鹊即中国神话传说中的青鸟。传说西王母有三只青鸟，一只被遣为信使，前来给汉武帝报信；另外两只服侍在西王母身旁。西王母是昆仑神话中的主神，她是吉祥与长寿的化身。李商隐有诗云："蓬山此去无多路，青鸟殷勤为探看。"

武汉长江大桥紫薇蓝鹊图表现的是自然和谐的美丽风景。一只美丽的蓝鹊停歇在树枝上，四周都是树的枝、叶和花，它被半包围在其中，看上去非常安全，当微风徐徐吹过，阵阵花香随风飘来，会不会扰乱它的美梦呢？这样一幅悠闲恬静的图画，使人联想起山水田园诗派王维、孟浩然、陶渊明抒写的隐逸情怀的诗篇，诗的内容描写了甜美静穆的田园风光，抒发了诗人闲适自得的心情。如此富有诗情画意的画面，给欣赏者以无尽的想象空间和发自内心的美感体验。

三、双鸽赏花图

双鸽赏花图(图 8-22)由鸽子和黄秋葵花构成。一株黄秋葵树茂盛地生长着,叶儿舒展,花朵争相开放。花丛中,雌鸽静静观察鲜花,雄鸽闻香起舞。

图 8-22　双鸽赏花图

鸽子善于飞翔。信鸽可以传递书信,肉鸽是鲜美的食品,家鸽亲近人类,能给人带来乐趣。黄秋葵是一年生草本植物,色艳丽,具观赏价值和食用、药用价值。

《圣经》上曾提及和平鸽的故事。诺亚方舟停靠在亚拉腊山边。洪水过后,诺亚又把一只鸽子放出去,要它去看看地上的水退了没有。由于遍地是水,鸽子找不到落脚之处,又飞回方舟。七天之后,诺亚又把鸽子放出去，黄昏时分，鸽子飞回来了，嘴里衔着橄榄叶，很明显是从树上啄下来的。诺亚由此判断，地上的水已经消退。后世的人们就用鸽子和橄榄枝来象征和平。

双鸽赏花图表现爱情与和平的画面。鸽子是美丽、和平、友谊的象征，被人们看成是爱情的使者，在古巴比伦，鸽子乃是法力无边的爱与育之女神伊斯塔身边的神鸟，也是画家最喜欢的题材。著名画家齐白石、李苦禅笔下的鸽子英姿勃勃，出神入化，令人赏心悦目，画家们通过不同的表现方法，画出鸽子的神韵，在花草的衬托下，给人们以美的享受。

四、松树啄木鸟图

松树啄木鸟图（图 2-23）由松枝、松叶、松果和啄木鸟构成。在浓密的松叶中，一只啄木鸟站在树枝头，神态专注地啄食。树干结实、叶大而密，有几颗椭圆形的松果镶嵌在松叶中，表现了林中鸟、树和谐共处的自然生态美。

啄木鸟嘴强如凿，羽干坚硬富有弹性，是著名的森林益鸟，可消灭树皮下的害虫，如天牛幼虫，被称为"森林医生"。

松树为轮状分枝，针叶细长成束，树冠蓬松，树质坚固，寿命十分长。松树是历代文学艺术家表现的题材，古人画松多以松石点缀山水，托物言志。松树具有阳刚之美，它的枝干更是具有柔中有刚的特征，松的叶给人以清脱之感。它是我们民族的吉祥树。诗经中"桧楫松舟"描写的是用松木做的船，在悠悠的淇水中不改其流，既写到松木的功用，又暗示松木有坚固耐用之特性。李白的诗句："松楸骨寒，宿草坟毁。""松柏本孤直，难为桃李颜。""愿君学长松，慎勿作桃李。受屈不改心，然后知君子。"赞美松如君子般坚贞不渝的品格。"松鹤延年""人生非寒松，年貌岂长在"，民间祝寿词："福如东海长流水，寿比南山不老松。"这些词句表明松树被人视为常青之树，寓意延年益寿。"太华生长松，亭亭凌霜雪""兰幽香风远，松寒不改容"写的是松的耐寒；"风入

第四节 花鸟图之绘景篇 | 129

图 2-23 松树啄木鸟图

松下清,露出草间白""松风清瑶瑟,溪月湛芳樽"写的是松的清幽。中国画中有岁寒三友的主题作品,用松、竹、梅三种植物组成的图案。三友,语出《论语》:"益者三友",谓与正直之人、忠实之人、有见识之人为友是有益处的。

武汉长江大桥松树啄木鸟图表现了啄木鸟在松树枝头自由自在地啄食的自然景色。主旨是"青松茂盛,点缀山峦"。

附录一　武汉长江大桥护栏装饰图案剪纸造型

武汉长江大桥护栏装饰图案共 50 幅，分为三大类：一是首端开启图案；二是菱形间隔图案；三是护栏装饰图案。

图 1　开启图——麦穗图

附录一　武汉长江大桥护栏装饰图案剪纸造型 | 131

图2　间隔图——菱形祥云图

图3　凤凰展翅图

图4　孔雀开屏图

图 5 梅鹿同春图

图 6 公鸡葵花图

图 7 金猴摘桃图

图 8 松鼠葡萄图

附录一　武汉长江大桥护栏装饰图案剪纸造型 | 133

图 9　玉兔桂花图

图 10　杜鹃花图

图 11　兰花图

图 12　水仙花图

附录一　武汉长江大桥护栏装饰图案剪纸造型

图 13　玉竹图

图 14　木棉花图

图 15　绣球花图

图 16　琵琶果图

附录一 武汉长江大桥护栏装饰图案剪纸造型 | 135

图 17　榴开百子图

图 18　万代绵长图

图 19　万年长青图

图 20　瓜瓞绵绵图

附录一　武汉长江大桥护栏装饰图案剪纸造型

图 21　牵牛花儿图

图 22　连年有余图

图 23　青蛙戏莲图

图 24　菊香蟹肥图

附录一　武汉长江大桥护栏装饰图案剪纸造型 | 137

图 25　兰花蜜蜂图

图 26　百年好合图

图 27　螳螂捕蝉图

图 28　相思图

图 29 荷花鸳鸯图

图 30 玫瑰长尾雉图

图 31 芦雁图

图 32 白头偕老图

附录一　武汉长江大桥护栏装饰图案剪纸造型 | 139

图 33　桃花鹦鹉图

图 34　喜鹊登梅图

图 35　锦上添花图

图 36　芙蓉黄鹂图

附录一　武汉长江大桥护栏装饰图案剪纸造型

图 37　樱桃画眉图

图 38　枫树猫头鹰图

图 39　槐树八哥图

图 40　月季云雀图

图 41 蕉雀图

图 42 天鹅睡莲图

图 43 一本万利图

图 44 一路连科图

附录一 武汉长江大桥护栏装饰图案剪纸造型

图 45　仙鹤踏浪图

图 46　杏林春燕图

图 47　鸥鸟迎春图

图 48　紫薇蓝鹊图

附录一 武汉长江大桥护栏装饰图案剪纸造型 | 143

图 49 双鸽赏花图　　　　图 50 松树啄木鸟图

附录二 武汉长江大桥纪念碑全文

长江，古称天堑，源远流长，水深浪阔，为我国第一大江。从古至今，尚没有修建过一座桥梁。多少年来，中国人民怀着深切的期望，期望着有一天，在这浩瀚的江流上能有一座桥，沟通中国南北，使天堑变为通途。

在这样的江流上修桥梁，是现代工程科学没有发达以前不可想象的事，而近百年来，中国受外国帝国主义的侵略，在清末、北洋军阀及国民党政府时期，沦为半殖民地状态，民穷财困，科学落后，修建大桥，仅成梦想。

一九一三年，北京大学桥梁系的毕业同学，曾在武汉进行过第一次测量实习。以后，地北天南，各自谋生，耄耋而终。以后的近四十年中，国民党政府时期，在一九三零年、一九三七年、一九四六年，由于少数工程界人士倡议，又喧嚷了几次修桥，而江流依故，均成泡影。

一九四九年，中国共产党领导全国人民解放了全中国，中华人民共和国成立，中国历史进入了人民的新纪元。全国进行经济恢复工作，并且，开始了伟大的社会主义改革和伟大的经济建设。

一九五零年，中央人民政府即指示铁道部进行武汉长江大桥的钻探测量工作和初步设计。一九五三年五月完成了初步设计，为慎重起见，经政府批准送请苏联帮助进行技术鉴定。一九五三年二月成立武汉大桥工程局，开始筹备兴建。一九五四年七月，苏联政府派遣了以康士坦丁·谢尔盖维奇·西林为首的专家工作组二十八人应聘来华进行技术援助。一九五四年十二月完成了大桥前驱工程汉水铁桥的修建。一九五五年在中央地质部、水利部的协助下完成了技术设计所需的地质钻探以及地质资料的鉴定工作。同年七月，在艰难、复杂的试验工作完成以后完成了大桥的技术设计。经政府批准后，于同年九月一日正式开工。同年十二月，又完成了沟通汉口与汉阳的公路桥——江汉桥。一九五六年，江心各桥墩全面施工。山海关桥梁厂及沈阳桥梁厂开始制造大桥钢梁。于五月起分别在汉阳及武昌岸开始了钢梁架设。两岸联络线及各街道跨线桥亦于同年先后完成。翌年三月，江心桥墩工程以一年又六个月的时间全部完成。五月，钢梁架设在六号墩处合拢。两岸引桥亦先后完成。为协助清理场地，驻武汉部队及湖北省、武汉市各级干部组织了五万人的义务劳动。正式施工历时两年零一个月。积四百二十八万四千二百八十四工日。费资九千八百三十一万四千元。全桥工程于一九五七年九月全部竣工。十月，经国家验收委员会验收，交付使用。至此，一桥飞架南北，天堑变通途，武汉三镇，联而为一，实现了全国人民及武汉市人民多少年来的愿望。

  大桥在技术设计中，由于苏联专家的倡议，中苏技术人员的共同研究，在党和政府的充分支持下，创造了世界桥梁史上尚无先例的、新的基础结构和新的施工方法——大型管柱基础、管柱钻孔法。这个新的结构代替了气压沉箱基础，解决了气压沉箱所不能解决的深水施工的困难，不仅缩短了工期，降低了造价，而且能够全部在水面上施工，改善了劳动条件，解决了工人在气压沉箱中工作的危险和病害，为今后深水基础工程开开了新的道路。

  在大桥工程进行中，由于党和政府发号召，中央各部、全国各地厂矿均积极支援。全国人民、武汉人民、中国人民解放军铁道兵部队和驻武汉部队，均给予了有力的支持和帮助，国内科学技术专家亦贡献了不少的宝贵意见。

  为建设长江大桥，来自全国各地的职工，三年来，日日夜夜，不论酷暑严寒，不避狂风骤雨，不畏洪水骇浪，英勇搏斗，表现了工人阶级无比的英雄气概。这些，都说明了中国工程科学在党的领导下，和伟大的工人阶级的力量、全国人民的力量相结合，正以豪迈的步伐向着世界水平前进，长江大桥就是前进道路上的一个里程碑。这些，也都说明了社会主义制度的优越性，能够举国一致，集中力量，发挥各方面的积极性，共同克服困难，互相支援，建成了武汉长江大桥。

际此发展国民经济第一个五年计划胜利完成，第二个五年计划宏伟的远景更召唤着全国人民继续前进之时，大桥的建成，更增强了全国人民的信念。

一九五七年是我国社会主义革命继续深入发展不平常的一年，一切梦想着资本主义复辟的游魂僵尸，在建成的长江大桥面前，他们的呓语谰言将烟消云散。因为：长江大桥象征着中国共产党在建设事业中的英明领导；它象征着中国人民在中国共产党领导下建设社会主义的雄健步伐和无比的力量；它象征着牢不可破的中苏两国人民的团结和友谊；它象征着和平；它象征着幸福；象征着劳动的光辉。

江水悠悠，长桥如画，楚天凝碧，艳阳似锦，爰为之记，以志永久。

参考文献

[1] 任唤麟,龚胜生,刘冬梅.武汉城市圈旅游形象塑造研究[J].城市发展研究,2009,16(5):24-29.

[2] 梁家年,梁霄.武汉城市圈品牌形象问题与创建战略探究[J].湖北社会科学,2015(1):63-66.

[3] 杨翠芳.媒介融合对新闻伦理的影响及应对策略[J].湖北大学学报,2015(2):19-22.

[4] 许远,黄李涛.武汉长江大桥解读[J].华中建筑,2010,28(11):166-169.

[5] 胡远珍,张伦雯.微博语境下武汉城市形象传播的困境及策略研究[J].武汉交通职业学院学报,2014(1):41-47.

[6] 张晓东,牛鼬.武汉城市形象之符号传播——以黄鹤楼为例[J].湖北三峡职业技术学院学报,2014(1):31-35.

[7] 铁道部新建铁路工程总局武汉大桥工程局.武汉长江大桥[M].北京:人民铁路出版社,1957.

[8] 王泽坤.龟蛇锁江——武汉长江大桥施工建设[M].长春:吉林出版集团有限责任公司,2010.

[9] 张成.建筑美学[M].天津:天津科学技术出版社,1998.

[10] 李国豪.桥梁与结构理论研究[M].上海:上海科学技术出版社,1983.

[11] 吴骥良.建筑装饰设计[M].天津:天津科学技术出版社,2001.

[12] 杨正. 工业产品造型设计[M]. 武汉：武汉大学出版社, 2003.

[13] 田鲁. 艺苑奇葩——苗族刺绣艺术解读[M]. 合肥：合肥工业大学出版社, 2006.

[14] 张丽君. 中华工艺[M]. 北京：农村读物出版社, 2010.

[15] 袁群惠, 马贺生. 图案设计[M]. 武汉：湖北美术出版社, 2001.

[16] 麓山子. 毛泽东诗词全集赏读[M]. 西安：陕西出版集团太白文艺出版社, 2011.

[17] 李西秦. 剪纸艺术[M]. 西安：西安交通大学出版社, 2003.

[18] 柳林, 赵全宜. 吉祥图形新视觉[M]. 武汉：武汉大学出版社, 2005.

[19] 陈原川. 中国元素设计[M]. 北京：中国建筑工业出版社, 2010.

[20] 林桂先. 美感经验[M]. 香港：中华国际出版有限公司, 2000.